10대와 통하는

평화
통일
이야기

10대와 통하는 평화통일 이야기

제1판 제1쇄 발행일 2019년 9월 4일
제1판 제7쇄 발행일 2023년 10월 17일

글 _ 정주진
기획 _ 책도둑 (박정훈, 박정식, 김민호)
디자인 _ 채홍디자인
펴낸이 _ 김은지
펴낸곳 _ 철수와영희
등록번호 _ 제319-2005-42호
주소 _ 서울시 마포구 월드컵로 65, 302호 (망원동, 양경회관)
전화 _ (02)332-0815
팩스 _ (02)6003-1958
전자우편 _ chulsu815@hanmail.net

ⓒ 정주진 2019

ISBN 979-11-88215-30-0 43340

철수와영희 출판사는 '어린이' 철수와 영희, '어른' 철수와 영희에게
도움 되는 책을 펴내기 위해 노력합니다.

10대와 통하는

평화 통일 이야기

정주진 글

철수와영희

남북의 평화적 공존, 평화적 통일의 길

이 책을 쓰기 시작한 것은 2019년 4월 27일이었습니다. 2018년 1차 남북정상회담 1주년이 되는 날이었습니다. 1년 전 이날엔 기쁨과 희망으로 한반도는 물론 전 세계가 들썩였습니다. 그러나 1년 뒤 같은 날의 모습은 사뭇 달랐습니다. 거창한 축제도 없었고 남한과 북한의 공동 행사도 없었습니다. 1년 전의 감격을 되돌아보고 향후 남북대화가 잘되기를 바라는 마음으로 정부가 조촐하게 기념행사를 열었을 뿐입니다. 솔직히 말하면 많은 사람이 향후 남북대화에 불안한 마음을 가지고 있었습니다. 1년 전의 떠들썩했던 상황과 1년 후의 썰렁한 상황은 수십 년 동안의 남북관계를 그대로 보여주는 것 같았습니다. 남북대화와 희망, 그런 후의 대화 단절과 침묵의 반복 말입니다.

그래도 전체적인 상황은 분명히 예전과는 달랐습니다. 남한과 북한이 신뢰관계의 토대를 마련했고 여러 가지를 함께하기로 한 구체적인 약속은 여전히 유효하기 때문입니다. 그중 일부는 이미 실행하기도 했습니다. 또 남한과 북한뿐만 아니라 미국도 북한과의 대화에 나섰기 때문입니다. 그것은 남한, 북한, 미국이 서로를 말로 공격하고 무기로 위협하는 일이 각자에게 도움이 되지 않는다는 사실을 인정했다는 의미입니다. 각자의 이익을 위해 대화를 선택했던 것입니다. 한번 대화를 시작한 이상 다시 예전으로 돌아가는 것은 좋은 선택이 아님을 모두가 알고 있습니다. 더디고 때로는 한참을 쉬더라도 가야 할 방향은 정해져 있습니다.

달라진 상황은 놓쳐서는 안 될 귀중한 기회이고, 우리에게도 할 일이 있습니다. 우리가 할 일은 정부와 정치인들의 뒤꽁무니를 따라다니는 것이 아닙니다. 우리는 한반도와 우리 미래를 생각하면서 어떻게 살고 싶은지 스스로 물어야 합니다. 평화롭게 살기를 원하는지, 계속 싸우면서 불안하게 살기를 원하는지 말입니다. 그리고 무엇을 할지 고민해야 합니다. 그래야 정부와 정치인들이 대화에서 다시 싸움으로 방향을 바꾸려고 할 때 '싫다'고 얘기하고 평화로 방향을 돌릴 수 있습니다.

특히 우리가 할 일은 남북의 평화로운 공존을 고민하고 준비하는 것입니다. 한반도에서 남북이 함께 사는 것은 통일 후에 해야 하는 일이 아닙니다. 남북이 계속 대화를 하고 한반도의 미래를 함께 얘기하면 함께 사는 일이 시작됩니다. 우리는 이미 시작했습니다. 그러니 이제는 구체적으로 평화롭게 잘사는 방법을 고민해야 합니다.

평화롭게 공존하기 위해서는 한반도 안에서 우리의 삶, 남북의 과거와 현재, 그리고 함께 갈 미래를 모두 생각해봐야 합니다. 이 책을 쓴 목적은 그런 것을 함께 생각해보기 위해서입니다. 그래서 제목은 '평화통일 이야기'이지만 통일의 필요성이나 방법에 대한 것보다 한반도에서 북한과 함께 살기 위해 반드시 생각해야 할 것들을 다룹니다. 통일은 그 후에 생각하고 결정할 일입니다. 아무 준비도 없이 통일을 얘기할 수는 없으니까요.

이 책은 평화통일의 교과서가 아닙니다. 평화통일에 대한 해답을 한 사람이 내놓을 수는 없고, 그렇게 해서도 안 되니까요. 다만 평화학을 전공한 평화연구자의 눈으로 한반도 상황과 우리가 직면한 문제들을 해석한 것입니다. 한반도 문제, 남북관계, 평화로운 공존, 한반도 평화 등을 성찰하고 고민해보도록 독려하기 위해서 쓴 책입니다. 조금 다른 시선으로 우리가 사는 한반도와 우리 이웃인 북한을 바라보고 좀 더 새로운 토론을 해보도록 안내하기 위해서 쓴 책입니다.

이 책은 지금까지 의도적으로, 또는 민감하다는 이유로 피해왔던 문제들과 그것들을 새롭게 보고 이해하는 방식을 다룹니다. 목적은 특정 생각을 강요하려는 것이 아니라 함께 생각하고 토론해보라고 권하기 위해서입니다. 한반도 상황과 남북관계에 대해, 그리고 우리 사회에 퍼져 있는 남북관계와 관련된 많은 일을 새롭게 고민하고 토론할수록 한반도 평화에 대해 더 창의적이고 다양한 생각이 나올 것으로 믿기 때문입니다.

특히 오랫동안 꽁꽁 얼어붙었던 남북관계만 보면서 살다가 처음으로 남북대화를 목격한 세대를 위한 책입니다. 북한에 대한 적개심과 불신만 보고 살다가 대화와 관계 변화를 보면서 갖게 된 느낌과 생각을 나누는 데 조금이나마 도움을 주기 위해서 쓴 책입니다. 혹시 많은 변화를 기대했다가 절망에 빠졌거나, 북한에 대한 적개심과 불신으로 돌아섰거나, 또는 불가능해 보이는 것은 시도할 필요가 없다는, 너무나 '현실적'인 생각을 하는 세대에게 약간의 안내를 제공하기 위해서 쓴 책이기도 합니다. 이 책을 읽고 자기 생각에서 한 걸음 나가보기를 권합니다.

또한 민주주의 교육을 받고 민주시민의 역할을 배운 세대가 남북관계나 통일문제를 고민해보도록 독려하기 위해서 쓴 책이기도 합니다. 그동안 남북관계는 정부와 정치인들이 이끌었습니다. 어렵다는 이유로, 민감하다는 이유로 일반 국민이 끼어들 자리는 거의 없었습니다. 우리는 정부와 정치인들의 결정에 의존해야만 했습니다. 북한에 대한 증오와 불신을 강화하고 군사적 대결에만 초점을 맞춰도 그대로 따라가야 했습니다. 그런데 우리는 모두 한반도에서 평화롭게 살 권리가 있고, 정부가 우리 권리를 보장하지 못한다면 문제를 제기해야 합니다. 우리는 민주시민이기 때문입니다. 나아가 앞으로 남북의 평화적 공존, 한반도 평화, 평화적 통일을 이루려면 반드시 우리가 중심 역할을 해야 합니다. 때로 정부와 정치인들을 인도하는 역할까지 해야 합니다. 그런 민주시민의 역할을 제대로 하기 위해서는 먼저 남북관계와 한반도 문제를 스스로 성찰하고 이해할 수 있어야 합니다. 이 책이 적극적으로 민주시민의 역할을 하는 데 조금이나마 도움이 되기를 바랍니다.

마지막으로 책을 쓴 사람으로서 하고 싶은 말이 있습니다. 바로 우리 모두가 한반도의 현재와 미래를 함께 책임져야 한다는 것입니다. 정부, 정치인들, 전문가들에게 우리 미래를 맡기지 말아야 합니다. 한반도의 현재와 미래가 결국 우리 각자의 삶과 관련돼 있기 때문입니다. 또한 다음 세대의 삶과도 관련돼 있습니다. 그러기 위해서는 우리가 한반도에서 원하는 삶이 무엇인지 정확히 알아야 하고, 원하는 것을 포기하지 않는 결심이 필요합니다. 아울러 원하는 것을 위해 무언가를 하겠다는 의지도 필요합니다. 물론 그 원하는 것이 '평화로운 한반도'이길 바랍니다.

일산에서
정주진 드림

차례

1장

우리가 사는
한반도와 평화

전쟁의 수렁에서 탈출한 한반도

2017년은 무서운 해였습니다. 한반도의 군사적 긴장이 최고조에 달했습니다. 북한은 2016년과 2017년 핵무기와 미사일 개발에 온 힘을 쏟았습니다. 우리 정부와 국제사회는 강력하게 대응했습니다. 2017년 후반에는 많은 사람이 '정말 전쟁이 일어날 수도 있겠다'고 생각했습니다. 북한과 미국이 이른바 '말폭탄'을 주고받으며 충돌했기 때문입니다.

북한과 미국이 2017년 8월에 주고받은 '말폭탄'은 최악이었습니다. 유엔 안전보장이사회는 대륙간탄도미사일ICBM, 즉 태평양을 넘어 미국까지 닿을 수 있는 미사일을 개발하기 위해 북한이 실시한 시험발사를 강하게 비난했습니다. 그리고 8월 5일 북한의 주력 수출품인 석탄과 철 같은 광물과 수산물 수출을 전면 금지하는 결의안을 채택했습니다. 해외에 노동자를 보내는 것도 금지했습니다. 북한의 경제를 압박하여 핵무기와 미사일을 개발하지 못하게 하려는 의도였습니다. 강력한 제재 결정에 가장 큰 역할을 한 것은 미국이었습니다. 북한의 대륙간탄도미사일 개발은 결국 미국을 겨냥한 것이었기 때문입니다. 북한은 예상보다 강한 제재에 분노했습니다. 8월 6일 〈노동신문〉을 통해서 "(미국) 본토가 상상할 수 없는 불바다 속에 빠져들게 될 것"이라고 했습니다. 그러자 트럼프 미국 대통령은 북한이

"화염과 분노에 직면할 것"이라고 받아쳤습니다.

북한과 미국이 주고받는 험한 말에 우리는 긴장했습니다. 북한과 미국이 한반도에서 전쟁을 일으킬 수도 있다는 의미였으니까요. 특히 북한의 김정은 위원장과 미국의 트럼프 대통령은 둘 다 불같은 성격이어서 여차하면 정말 말을 행동으로 옮길 것처럼 보였습니다. 그런 상황에서 우리가 할 수 있는 일은 거의 없었습니다. 거리로 나가 '전쟁 반대' 카드를 들고 집회를 하는 사람들도 있었습니다. 그렇지만 두 사람이 그 소리를 귀담아들을 리 없고 우리는 절망했습니다. 미국이 북한을 공격하면 그에 대한 보복으로 북한은 남한과 남한에 있는 미군기지를 공격할 것이고, 그러면 우리는 전쟁의 소용돌이에 휘말릴 수밖에 없었습니다.

그 후에도 북한과 미국 정상 사이의 감정적 대립과 말싸움은 계속됐습니다. 북한이 9월에 6차 핵실험을 했고, 그에 대응해 유엔 안전보장이사회는 북한에 대한 다른 나라의 석유제품 수출과 북한의 섬유 수출을 전면 금지하는, 더 강화된 결의안을 통과시켰습니다. 게다가 트럼프 대통령은 유엔 연설에서 김정은 위원장을 "로켓맨"이라고 조롱하면서 "북한을 완전히 파괴할 수도 있다"고 말했습니다. 이에 대해 김정은 위원장은 "반드시 불로 다스릴 것"이라고 응수했습니다. 양국 정상은 국가 사이에서 있을 수 없는 자극적인 말싸움을 벌였습니다.

〈조선중앙통신〉이 2017년 5월 14일 새로 개발한 지대지 중장거리 전략 탄도미사일(IRBM) '화성-12'형
의 시험발사를 진행했다고 보도한 화면 내용. ⓒ연합뉴스

미국의 위협은 말로 그치지 않았습니다. 9월 23일 미국은 B-1B 전략폭격기를 남한과 북한 사이 북방한계선을 넘어 비무장지대 북쪽 끝의 북한 영공 바로 옆까지 출격시켰습니다. 북한의 코앞까지 갔던 겁니다. 이 폭격기는 미 공군이 가지고 있는 가장 강력한 폭격기이자 전 세계에서 가장 무서운 폭격기 중 하나입니다. 마하의 속도로 비행하는 데다 적의 레이더망에 잘 잡히지 않는 스텔스 기능을 갖추고 있어서 몰래 미사일을 쏘고 나올 수 있습니다. 이는 한반도에서 전쟁을 일으킬 수도 있는 군사행동이었습니다. 북한이 대응했다면 말입니다. 우리가 아무것도 모른 채 잠에 빠져 있던 한밤중에 일어난 일이었습니다. 물론 우리 정부는 알고 있었겠지만요. 이에 대해 북한은 "위험천만한 망동"이고 "묵과할 수 없는 도발"이라며 강하게 비난했습니다. 그 후 10월과 11월에도 미국은 한반도에서 군사행동을 하며 북한을 위협했습니다. 그때는 우리 공군 폭격기도 함께했습니다.

두 정상의 대립은 해가 바뀌어도 누그러지지 않았습니다. 2018년 1월 1일 김정은 위원장은 신년사에서 "핵단추가 내 사무실 책상 위에 항상 놓여 있다"면서 미국에 경고를 보냈습니다. 그러자 트럼프 대통령은 자신은 김정은 위원장 것보다 "더 크고 강력한 핵단추가 있다"고 맞받아쳤습니다. 드라마나 영화라면 아이들이나 주고받을 법한 이런 말싸움이 쓸쓸한 블랙코미디가 될 수도 있습니다. 그렇지만 현실의 핵무기를 가지고 그런 얘기를 주고받으니 우리 간담은 서늘

해졌습니다. 북한과 미국의 대립에 끼인 채 우리는 계속 마음을 졸여야 했습니다.

북한 신년사는 남한에 전하는 다른 내용도 포함하고 있었습니다. 김정은 위원장은 상황이 악화되는 것을 막기 위해 "군사적 긴장을 완화하고 평화적 환경을 마련하기 위하여 공동으로 노력"하자고 했습니다. 또 남한과 대화하고 접촉하며, 서로 왕래하는 길을 열어놓겠다고 말했습니다. 2월에 있을 평창 동계올림픽에 선수단을 파견하겠다는 의사를 내비치기도 했습니다. 남한에 대화의 신호를 보냈던 것입니다. 이는 그동안 남한이 미국이나 국제사회와 함께 북한을 압박하고 제재해야 한다고 주장하면서도 다른 한편으로 북한과 언제든지 대화할 수 있다고 했던 것에 대한 북한의 대답이었습니다.

남한과 북한이 서로 대화할 의지가 있다는 점을 확인한 이후 일은 일사천리로 진행됐습니다. 다음 날인 1월 2일 우리 정부는 남북고위급회담을 제안했고, 1월 3일에는 남한과 북한의 유일한 연락 수단인 판문점 직통전화가 다시 개통됐습니다. 이 전화는 2016년 2월 북한의 4차 핵실험 이후 우리가 개성공단을 갑자기 폐쇄하자 북한이 통신선을 차단하면서 중단됐습니다. 판문점 직통전화는 1971년 9월 20일 처음 개통됐는데 그 후 여러 차례 중단과 재개를 반복했습니다. 이는 그만큼 남한과 북한이 서로 등을 돌리는 사건이 많았음을 의미합니다.

2018년 1월 판문점 직통전화가 다시 열렸다는 것은 남한과 북한이 관계 개선을 위해 노력하겠다는 신호였습니다. 1월 9일에는 남한의 통일부장관과 북한의 조국평화통일위원회 위원장이 판문점에서 만나는 고위급회담이 열렸습니다. 2015년 12월의 차관급회담 이후 2년 만이었습니다. 회의에서는 북한선수단의 평창 동계올림픽 참가가 합의됐습니다. 올림픽과 남북관계 재개를 축하하는 의미로 북한의 삼지연관현악단이 올림픽 개막 전과 후에 강릉과 서울에서 공연을 했습니다. 그리고 남북선수단은 올림픽 개막식에서 함께 입장해 세계에 한반도에서 전쟁 위험이 사라지고 평화가 시작되고 있음을 알렸습니다.

북한과 미국의 대립으로 전쟁 위험으로까지 치달았던 상황을 완전히 바꿔놓은 것은 남북정상회담이었습니다. 4월 27일 문재인 대통령과 김정은 위원장이 판문점 군사분계선에서 만나 역사적인 악수를 나누었습니다. 2007년 10월 2~4일 평양에서 열렸던 남북정상회담 이후 10년 6개월 만에 처음이었습니다. 5월 26일 남북 정상은 다시 판문점에서 만나 짧은 정상회담을 했습니다. 서로 말폭탄을 주고받으면서 으르렁거렸던 북한과 미국도 6월 12일 싱가포르에서 역사상 처음으로 정상회담을 했습니다. 남북관계가 회복되고, 남북정상회담에서 북한이 "핵 없는 한반도"를 위한 완전한 비핵화 의지를 확인했기 때문입니다. 9월 18~20일에는 3차 남북정상회담이 평양에서 있었습니다.

남북정상회담을 통해 남북은 군사적 적대행위를 중지하고 한반도 평화를 위해 협력하기로 약속했습니다. 북한과 미국도 정상회담에서 북한의 비핵화와 한반도 평화를 위해 함께 노력하기로 합의했습니다. 남북이 세 번의 정상회담을 하면서 남북관계는 회복됐고 서로에 대한 신뢰도 생겼습니다. 특히 남북은 "지상과 해상, 공중"에서 상대방에 대한 모든 "적대행위를 전면 중지하기로"한 군사합의서에 서명했습니다. 2018년 11월 1일 서해 완충지대와 비무장지대에서 남북이 서로를 겨냥했던 모든 포문을 닫았습니다. 한국전쟁 이후 처음으로 휴전선을 지키는 군인들은 물론 휴전선 근방에 사는 사람들도 발 뻗고 편히 잘 수 있게 됐습니다. 북한은 핵무기와 미사일 실험을 모두 중단했고, 남북과 북미 사이 대화와 협상은 계속됐습니다. 2018년 1월 1일부터 시작된 극적인 변화 덕분에 한반도는 전쟁의 수렁에 빠질 위험에서 탈출했습니다.

한반도에 산다는 것은

우리가 사는 곳은 한반도입니다. 한반도에 산다는 것은 기본적으로 두 가지 의미가 있습니다. 하나는 지리적으로 한반도에 산다는 의미입니다. 한반도는 아시아 대륙의 동쪽 끝에 있는 작은 땅입니다. 바로 옆의 거대한 중국 대륙이나 러시아와 비교하면 더 작게 보입니다. 작은 세계지도에서는 잘 보이지도 않습니다. 우리가 사는 대한민국은 거기서도 남쪽 절반에 불과합니다. 그래서 지리적으로 상황이 좋지 않습니다. 밖으로 향하는 세 면이 바다로 둘러싸여 있어서 나라를 벗어나려면 반드시 시간과 비용이 드는 배나 비행기를 이용해야 합니다. 섬이 아닌데도 평범한 교통수단인 철도나 도로를 이용해 세계의 다른 곳에 갈 수 없다는 것은 유감스러운 일입니다.

또 하나는 체제와 이념이 다른 남한과 북한이 서로를 의심하고 비난하며, 군사적으로 서로 경계하고 대결하는 곳에 산다는 의미입니다. 북한은 우리와 육지로 이어져 있는 유일한 나라입니다. 그러나 내내 이웃 나라로 여겨지지 않았습니다. 사이가 나쁠 때에는 우리를 공격할 수 있는 적이고, 사이가 조금 나아진 상황에서도 의심하고 감시해야 하는 나라로 여겨졌습니다. 물론 북한도 남한을 똑같이 생각합니다. 세계 다른 나라들은 비자만 받으면 이웃 나라를 자유롭게 방문합니다. 그렇지만 우리는 북한을 자유롭게 방문할 수 없습니다. 이런 사실은 한반도 남쪽에 사는 우리의 답답한 상황을 잘 말해줍니다. 우리는 분명 대륙과 연결된 한반도에 살고 있음에도 북쪽이 막혀 있으니 마치 섬에 사는 것과 같습니다. 그렇지만 이런 상황에 익숙해져서 크게 불편함을 느끼지 않고 살아왔습니다. 이웃이 아니라 적으로 여겨지는 북한 땅을 밟지 못하고, 그런 이유로 대륙으로 나갈 수 없는 것을 당연하게 생각했으니까요. 그런데 다른 나라 사람들은 우리 상황을 측은하고 안타깝게 바라봅니다.

남북의 이념 대립은 2018년 이후 상황이 좀 나아지긴 했지만 완전히 바뀐 것은 아닙니다. 20세기 중반 전 세계를 이념으로 갈라놓았던 냉전시대는 1990년대 초반에 끝났습니다. 물론 여전히 전쟁이 벌어지는 곳이 있지만 이념 때문에 싸우는 시대는 끝났습니다. 중국, 베트남, 라오스, 쿠바는 공산주의 국가입니다. 그렇지만 우리는 그런 나라들을 자유롭게 방문합니다. 중국과 베트남은 한국인이 가장 많이 가는 여행지 중 하나가 됐습니다. 우리나라는 쿠바를 제외한 모든 공산주의 국가들과 외교관계를 맺고 있습니다.

중국과 베트남과의 관계는 특별한 의미가 있습니다. 과거에 두 나라는 우리의 적이었습니다. 중국은 한국전쟁 때 대규모 병력을 보내 북한을 도왔습니다. 한국군과 유엔연합군은 중국군과 치열한 전투를 치르고 후퇴해야 했습니다. 한국은 베트남전쟁에 군대를 보냈습니다. 미국의 전쟁을 도운 것이었지만 어쨌든 한국과 베트남은 서로 적이 되어 싸웠습니다. 우리가 중국이나 베트남과 싸운 이유는 근본적으로 이념이 달랐기 때문입니다. 이념 때문에 전쟁이 일어났고, 우리는 북한과 한편이 된 중국과 싸웠고, 미국과 한편이 되어 베트남과 싸웠습니다. 그렇지만 우리는 1992년 8월 중국과, 1992년 12월 베트남과 외교관계를 맺었습니다. 냉전시대가 끝난 직후에 있었던 일입니다. 이렇게 관계가 바뀐 이유는 한국과 중국, 베트남이 이념과 상관없이 서로 협력해야 이익이 되고 안전에도 도움이 된다는 것을 깨닫고 인정했기 때문입니다. 그러한 범주에서 제외된 나라가 바로 북한입니다. 우리는 다른 나라들과는 이념과 상관없이 정치적, 경제적, 문화적으로 교류하고 서로 이해하려고 노력했지만 북한과는 이념 때문에 계속 대립하고 싸우며 살아왔습니다. 다른 나라들과는 냉전에서 벗어났지만 북한과는 냉전을 유지했습니다. 정말 씁쓸한 일입니다.

남한과 북한이 정치적, 군사적으로 대립하고 싸우다 보니 우리는 항상 전쟁을 생각하고 전쟁을 준비하며 살았습니다. 가끔은 실제로 전쟁이 일어날 수도 있겠다고 생각했습니다. 가장 최근의 일은 앞에서 얘기한 2017년이지만 그 전에도 비슷한 상황이 있었습니다. 바로 2013년입니다. 그 전해인 2012년 4월과 12월에 북한은 장거리 로켓 발사 실험을 했습니다. 국제사회는 이 실험을 북한의 핵무기 개발과 관련된 일로 여겼습니다. 미국을 겨냥한 핵탄두를 실어나르기 위해서 북한은 장거리 미사일이 필요했으니까요. 유엔 안전보장이사회는 북한을 규탄하는 의장 성명과 대북 제재를 확대하고 강화하는 결의안을 채택했습니다. 한반도 상황은 한겨울처럼 얼어붙었고 군사적 긴장이 높아졌습니다. 그런 상황에서 2013년 2월 12일 북한은 3차 핵실험을 했고, 다시 유엔은 3월 7일 국제사회에서 북한의 금융거래를 금지하는 결의안을 통과시켰습니다. 그러자 북한은 정전협정 폐기와 남북불가침합의의 전면 무효를 선언했습니다. 남한을 공격할 수도 있다는 의사를 노골적으로 표현하며 남한과 미국을 압박했습니다.

꽁꽁 얼어붙은 한반도 상황에 찬물을 끼얹는 격으로 미국은 핵미사일까지 갖춘 최첨단 장거리 폭격기인 B-52를 한반도에 출격시켜 북한을 위협했습니다. 북한은 곧바로 다시 출격하면 "군사적 대응"을 하겠다고 응수했습니다. 3월 11일부터 2주 동안 주한미군과 해외 미군이 참여하는 대규모 키리졸브 훈련이 이루어졌습니다. 한반도에 문제가 있을 때 한반도 밖의 미군을 신속하게 증원하기 위한 훈련으로, 야외 기동훈련이 아니라 컴퓨터 시뮬레이션을 이용한 연중행사입니다. 그런데 북한에 대한 선제공격까지 포함하고 있어서 북한이 민감하게 반응하는 훈련입니다(키리졸브 훈련은 북한을 자극하지 않으려고 2019년부터 동맹연습으로 바뀌었고, 선제공격은 빼고 방어연습 중심으로 이루어집니다). 한국군과 미군이 참여하는 대규모 야외 기동훈련인 독수리훈련도 키리졸브 훈련과 연계해 3월 1일부터 4월 30일까지 두 달 동안 대규모로 이루어졌습니다. 이 또한 해마다 하는 훈련이었지만 남북과 북미 사이 대결이 극에 달한 때라 한반도에서 군사적 긴장을 더 높이는 역할을 했습니다. 북한도 전투근무 태세로 전환하고 남한과의 전쟁상태 시작을 선언하는 등 똑같이 무력시위로 대응했습니다. 군사적 대결과 긴장 상황에서 전쟁을 걱정하는 목소리가 높아졌습니다. 시민사회는 전쟁 반대와 전쟁을 부르는 대규모 군사훈련 중단을 요구하는 집회를 열었습니다. 시민단체, 종교단체, 노동자단체, 대학생단체 등이 참여했습니다.* 그러나 소수 시민의 목소리는 허공에 흩어진 듯 아무런 영향을 미치지 못했습니다.

2013년이나 2017년보다 심각하지는 않았지만 미국의 B-52 폭격기가 한반도에 출격해 북한에 경고하는 일은 2016년 1월에도 있었습니다. 북한이 4차 핵실험을 한 이후였습니다. 이때도 한반도에 군사적 긴장이 높아졌습니다. 한반도에 산다는 것은 이렇게 심각한 군사적 긴장과 전쟁 가능성을 겪으면서 사는 것을 의미합니다. 우리가 잘 몰라서, 또는 별로 관심이 없어서 못 느끼더라도 말입니다. 2018년의 변화로 상황이 나아졌지만 남북이 군사적으로 대결하는 근본적인 상황은 변하지 않았습니다.

---

* 서보혁·정주진, 『평화운동』, 진인진, 2018, 146쪽.

한반도는 얼마나 평화로울까

2013년에도 2017년에도 전쟁 위험이 있었지만 국민 대다수는 별다른 내색을 하지 않고 아주 침착했습니다. 전쟁을 대비해 물건을 사재기하지도 않았고, 위험해질 경우 탈출하기 위해 비행기표를 사지도 않았습니다. 외국인들은 이런 한국인의 태도와 행동을 이해하기 어렵다고 했습니다. 우리보다 오히려 다른 나라 사람들이 한반도 상황을 주시하면서 걱정했습니다. 특히 2013년에는 전 세계 언론사들이 한국에 특파원을 보내 매일 한반도의 전쟁 가능성을 주요 뉴스로 보도했습니다. 그들의 눈에는 정말 전쟁이 일어날 것으로 보였던 겁니다. 한국에서 공부하거나 일하는 외국인들은 불안한 날들을 보냈습니다. 수시로 안부를 묻는 가족의 전화를 받았고 자기 나라로 돌아가야 하는지 심각하게 고민했습니다. 자국민을 한국에서 탈출시키려고 계획을 세운 나라도 있었습니다. 세계는 왜 그렇게 민감하게 반응하고, 우리는 왜 그렇게 침착했을까요?

상황을 냉정하게 판단하려면 때로 다른 사람의 눈으로 바라볼 필요가 있습니다. 한반도 상황도 마찬가지입니다. 2013년 외국인들은 남한과 북한이 한국전쟁 이후 줄곧 적대적이었다는 것과 군사적으로 대결하고 있다는 것에 초점을 맞춰 한반도 상황을 이해했습니다. 그들의 눈으로 보면 한반도에서 당장 전쟁이 일어나더라도 놀라

울 것이 없는 위험한 상황이었습니다. 남한과 북한이 한국전쟁 이후 내내 휴전상태라는 것을 생각하면 더욱 그랬습니다. 논리적이고 타당한 결론이었습니다. 휴전상태는 언제든 전쟁이 다시 시작될 수 있다는 의미를 포함하고 있으니까요.

그렇다면 우리의 대응과 행동은 어떻게 해석할 수 있을까요? 우리가 대담하고 용감해서 초연하게 대응했던 것일까요? 많은 사람에게 물어본 결과 대부분이 "익숙해서" 그랬다고 답했습니다. 항상 남북이 정치적으로 서로를 비방하며 군사적으로 대결하고, 간혹 무력 충돌이 일어나는 것을 보며 살아서인지 남북과 북미가 심각하게 대결하는 상황조차 별다르게 생각되지 않았다는 얘기입니다.

다른 나라 사람들과 우리나라 사람들의 판이한 평가와 반응은 더 근본적인 문제를 생각하게 합니다. 바로 평화로운 삶에 대한 이해입니다. 이웃에 있는 북한과 항상 싸울 준비를 하고, 실제로 군사적 충돌이 일어나기도 하는 나라에 사는 우리는 눈앞에서 무력 충돌이 일어나지 않으면 '평화로운' 상태로 이해합니다. 완벽하지는 않지만 그 정도는 '평화롭게 사는 것'으로 여깁니다. 그러나 우리와 달리 이웃과 군사적으로 대립하지 않을뿐더러 충돌할 위험도 없는 나라에 사는 사람들은 우리와 같은 상황을 절대 평화롭다고 생각하지 않습니다. 전쟁이나 무력 충돌이 없어도 '평화롭지 않은 상태'로 이해합니다. 자나 깨나 전쟁과 무력 충돌을 걱정하고 그에 대비하며 살아야 한다고 생각하니까요. 또 정치적으로 항상 서로 공격하고 비방하는 일이 벌어지니까요. 우리와 다른 나라 사람들이 평화를 이해하는 수준에는 이렇게 큰 차이가 있습니다.

또 다른 문제도 있습니다. 남북 대결에 익숙해서 우리는 전쟁 위험보다 하루하루 먹고사는 문제에 더 관심이 많습니다. 우리 삶의 문제 대부분이 남북의 적대관계와 군사적 대립의 영향을 받지만 별로 신경을 쓰지 않습니다. 그런 일은 정치인이나 전문가들이 관심을 가지고 해결해야 한다고 생각합니다. 2013년과 2017년에 전쟁 위기가 피부로 느껴지는 상황에서도 우리는 그것이 삶을 좌우하는 평화 문제가 아니라 정치적 문제라고 생각했기 때문에 침착했던 것입니다.

우리가 사는 한반도 상황이 평화로운지 그렇지 않은지에 대한 생각이 사람에 따라 다르다면 믿을 만한 기준을 가지고 판단해볼 필요가 있습니다. 그래서 평화 이론을 적용해 생각해보겠습니다.

평화는 누구나 다른 사람의 강요나 억압을 받지 않고 자유롭게 원하는 것을 선택하고 하고 싶은 것을 하면서 사는 상태를 말합니다. 여기에는 한 가지 조건이 있습니다. 다른 사람의 평화를 해치거나 방해하는 방법으로 자신의 평화를 성취해서는 안 된다는 것입니다. 이것을 간단하게 '평화로운 방식을 통한 평화'라고 얘기합니다. 평화는 크게 두 가지로 구분합니다. 하나는 소극적 평화이고, 다른 하나는 적극적 평화입니다.

소극적 평화는 물리적 폭력, 곧 물리적인 힘으로 다른 사람에게 피해를 주는 폭력이 없는 상태를 말합니다. 물리적 폭력은 인간의 신체에 직접 해를 끼칩니다. 생명을 빼앗고 상처를 입힙니다. 신체의 자유를 빼앗기도 합니다. 가장 심각한 물리적 폭력은 전쟁에서 비롯됩니다. 전쟁이 일어난 곳에 사는 사람은 모두 직간접적으로 물리적 폭력을 당합니다. 목숨을 잃거나 상처를 입지 않아도 피란을 가거나 숨어지내야 하므로 신체의 자유를 누릴 수 없습니다. 피해는 적지만 잠깐의 무력 충돌도 심각한 물리적 폭력입니다. 물론 전쟁이 아니어도 사회에는 많은 종류의 물리적 폭력이 있습니다. 그런 폭력은 최대한 법으로 다스리고 막습니다. 그런데 전쟁으로 인한 물리적 폭력은 그렇게 다룰 수가 없습니다. 왜일까요?

전쟁으로 인한 폭력은 두 가지 이유로 심각하게 생각해봐야 합니다. 하나는 대부분 국가가 전쟁을 일으킨다는 점입니다. 그런 전쟁이 많은 사람을 해치는 폭력으로 작용한다는 사실은 커다란 모순입니다. 국가는 국민을 보호해야 할 의무가 있는데 전쟁으로 오히려 국민을 해치게 되니까요. 다른 하나는 국가의 합법적 결정으로 벌어지는 전쟁은 법으로 다스릴 수 없다는 점입니다. 그렇지만 합법성이 있느냐 없느냐에 상관없이 모든 전쟁은 그 사회에 사는 사람의 목숨을 빼앗고 신체에 해를 입히는 폭력이 됩니다. 사는 곳을 파괴하고 고향을 떠나게 합니다. 국가가 하는 전쟁은 합법적이지만 인간에게 일어날 수 있는 가장 나쁜 일입니다. 그러니 전쟁은 없어야 합니다. 합법적으로 일어나는 전쟁을 어떻게 피할 수 있을까요? 그 사회에 사는 국민이 전쟁이 일어나지 않도록, 다시 말해 국가가 전쟁을 하지 못하도록 막는 수밖에 없습니다.

전쟁과 전쟁 위험이 없어야 소극적 평화가 이루어집니다. 소극적 평화는 인간의 신체에 가해지는 물리적 폭력이나 그런 가능성이 없는 상태이므로 인간이 누려야 할 기본적인 평화입니다. 한반도에 사는 우리는 어떤가요? 소극적 평화를 누리고 있나요? 그렇지 않습니다. 남북이 휴전상태이니까요. 휴전상태는 말 그대로 전쟁을 쉬는 상태입니다. 한국전쟁을 끝내면서 미국과 북한, 중국은 정전협정을 맺었습니다. 게다가 한국을 대신해 미국이 서명한 것은 퍽 유감스러운 일입니다. 휴전상태는 언제든지 전쟁이 일어날 수 있음을 의미합니다. 정전협정 이후 남한과 북한은 이 의미를 잘 이해했습니다. 그래서 언제든지 공격할 수 있게 전쟁 준비를 하고, 무기를 사들이고, 휴전선과 비무장지대에서는 서로에게 총을 겨누었습니다. 때로는 무력 충돌이 벌어지기도 했고, 앞에서 살펴본 것처럼 전쟁의 코앞까지 가기도 했습니다. 이런 상황을 우리가 대수롭지 않게 생각한 것은 평화에 대한 이해가 없었기 때문입니다. 전쟁 위험이 없는 곳에서 사는 다른 나라 사람들의 이해가 옳았던 겁니다.

그럼 적극적 평화는 무엇일까요? 적극적 평화는 물리적 폭력은 물론 법이나 제도 등 다양한 사회구조를 통해 가해지는 구조적 폭력, 그리고 예술, 이론, 철학, 사회 담론, 가르침 같은 문화적 수단을 이용해 가해지는 문화적 폭력이 없는 상태를 말합니다. 남북이 대립하는 상황을 악용해 벌어지는 구조적 폭력과 문화적 폭력의 사례는 많습니다. 먼저 구조적 폭력의 사례로는 과거에 정부를 비판하는 대학생이나 시민을 공산주의 이념을 따르거나 북한에 동조한다는 혐의를 씌워 체포하고 고문했던 일이 있습니다. 또 미술, 연극, 노래 같은 예술 활동을 통해 정부를 비판한 사람들을 '빨갱이'라며 감시하고 핍박했던 사례도 있습니다. 이런 일은 모두 정부의 법과 제도를 이용해 가해진 구조적 폭력이었고, 그런 사람들을 사회에서 없애려고 저지른 무시무시한 폭력이었습니다. 문화적 폭력의 사례로는 반공교육을 강화해 국민의 생각과 마음을 지배하고 북한을 증오하도록 한 것이 있습니다. 반공 글짓기, 반공 포스터 그리기, 반공 표어 짓기 같은 대회를 열어서 어린이들에게까지 북한 사람을 괴물로 묘사하고 증오하도록 했습니다. 국가기관은 물론 민간에서도 이런 일이 수없이 일어났습니다. 몇 년 전에도 정부기관이 '빨갱이'나 '좌파' 등의 딱지를 붙여 국민의 자유로운 생각과 예술 활동을 방해하고 정부의 주장만 따르라고 강요한 일이 있었습니다. 이 모두가 특정 이념과 이론, 사회 담론, 가르침 등을 강요하고 국민의 마음과 생각을 통제하는 문화적 폭력입니다. 우리는 남북이 대립하는 한반도에 살면서 이런 일

반공 만화영화 <똘이장군 제3땅굴 편> 포스터. ⓒ국립민속박물관

을 수없이 겪었습니다.

우리는 한반도에서 전혀 평화롭지 않게 살았습니다. 그렇지만 이 정도면 평화롭다고 생각하며 살았습니다. 평화를 잘 이해하지 못해서, 또는 그렇게라도 스스로를 위로하고 싶었는지도 모릅니다. 이런 우리 모습이 다른 나라 사람들에게는 안쓰럽게 보였겠지요. 우리가 한반도에 살기 때문에 겪는 구조적, 문화적 폭력까지는 잘 모르겠지만 남북과 북미의 대결 때문에 최소한의 신체적 안전과 자유도 누리지 못하면서 사는 모습을 봤으니 말입니다.

한반도는 평화로워질 수 있을까

한반도에 사는 우리는 여태껏 제대로 평화를 경험해보지 못했습니다. 모든 사람이 그렇습니다. 이는 우리의 슬픈 역사이기도 합니다. 우리 조상들은 19세기 말부터 외세의 침략과 압박에 시달렸고, 그 후엔 일본의 식민지배를 받았습니다. 해방이 됐지만 나라를 이끌어가야 할 정치지도자들은 곧 이념으로 갈라져 싸웠습니다. 결국 한반도에는 남한과 북한이라는 두 나라가 생겼습니다. 가난을 벗어나기도 힘든 상황이었는데 엎친 데 덮친 격으로 한국전쟁이 일어났습니다. 전쟁은 3년 넘게 이어지면서 수많은 목숨을 빼앗고 한반도를 온통 파괴한 후에야 끝났습니다. 그것도 완전히 끝난 게 아니라 휴전이었습니다. 그 후 남한과 북한은 서로를 죽도록 증오하며 전쟁을 준비했습니다. 우리는 그런 상황을 이용해 국민을 억압하는 군사독재를 오랜 세월 견뎠습니다. 국민의 노력으로 군사독재를 끝내고 민주화를 이루었지만 남북 대립과 이념 전쟁은 끝나지 않았습니다. 거기에 더해 이념을 둘러싼 남한 내의 대립과 싸움도 이어졌습니다. 쉼 없이 계속된 침략과 싸움, 투쟁의 역사로 인해 현재 한반도에 사는 사람 누구도 진정한 평화를 경험하지 못했습니다. 이는 굳이 평화 이론을 들이대지 않아도 알 수 있는 일입니다. 그래서인지 우리는 끈질긴 생명력과 인내심은 있어도 경험해보지 못한 평화는 제대로 알지 못합니다. 평화를 깨뜨리는 상황에 민감하지도 않습니다. 적어도 우리와 다른 곳에서 다른 역사와 삶을 경험한 사람들보다는 말입니다.

우리가 평화에 민감하지 않다는 것은 전쟁 위기를 벗어나면 금세 상황을 잊어버리는 것에서도 알 수 있습니다. 2013년의 전쟁 위기 상황은 우리 기억에서 사라졌습니다. 2017년 상황도 거의 얘기되지 않습니다. 당시에도 대다수가 심각하게 생각하지 않았으니 당연한 일인지도 모릅니다. 그러나 기억해야 합니다. 전쟁의 코앞까지 갔던 상황을 잊지 않아야 전쟁 위험 없이, 비슷한 일을 다시 겪지 않고 살 수 있습니다.

우리가 전쟁 위험에 놓였던 데에는 여러 가지 이유가 있습니다.

먼저 북한의 계속된 핵무기와 미사일 실험이 있었습니다. 국제사회와 남한의 만류와 비난, 제재에도 불구하고 말입니다. 북한이 그런 선택을 한 것은 남한이나 미국과 적대관계에 있었기 때문입니다. 적대관계에 있는 나라의 말을 귀담아듣고 배려하는 경우는 없으니까요. 당시 남한과의 관계는 최악의 수준이어서 북한이 직면한 국제적 고립과 경제적 문제, 한반도 평화를 더불어 얘기할 수 없는 상황이었습니다.

다음으로 우리 정부에도 문제가 있었습니다. 2008년부터 남한과 북한의 관계는 급속도로 나빠졌습니다. 그렇게 된 데에는 우리 정부의 책임이 컸습니다. 그 전의 김대중, 노무현 정권은 북한과 대화를 하고 관계를 회복하는 데 힘을 쏟았습니다. 덕분에 남북의 적대적인 감정은 줄어들었고 여러 분야에서 남북 교류가 활발하게 이루어졌습니다. 2000년과 2007년에는 남북정상회담도 이루어졌습니다. 그런데 2008년 시작된 이명박 정권은 북한에 적대감을 드러내고 군사적 공격까지 언급했습니다. 당연히 관계는 악화됐고 그 결과 남북 사이 무력 충돌, 금강산에서 남한 관광객 피살, 개성공단에서 남한 노동자 억류 등의 사건이 끊이지 않았습니다. 그 전 정권에서는 전혀 없었던 일입니다. 관계가 안 좋은 데다 매일 삿대질을 하며 싸우니 사고가 빈번해졌습니다. 2010년 3월 천안함 사건이 터졌고 정부는 개성공단과 금강산을 제외한 모든 남북 교류와 협력을 중단하는

5·24조치를 발표했습니다. 5·24조치로 남북관계는 돌아올 수 없는 강을 건넜고 더욱 나빠졌습니다. 2013년의 전쟁 위기는 이런 배경에서 불거진 일입니다.

2017년의 상황 또한 비슷한 배경에서 벌어졌습니다. 이명박 정권 이후 들어선 박근혜 정권도 북한과의 관계 개선에 관심이 없었습니다. 오로지 강경 정책과 비난으로 일관했습니다. 북한도 마찬가지였습니다. 국제사회에서 고립되고 남한과도 관계가 안 좋아진 북한은 국제사회의 고립에서 벗어나고 경제개발을 위한 협상 카드로 쓰기 위해 핵무기 개발에 힘을 쏟았습니다. 남한도 대화를 시도하기는커녕 미국과 함께 북한을 압박하고 강경하게 제재하는 데 몰두했습니다. 북한이 4차 핵실험을 한 직후인 2016년 2월 10일 박근혜 정권은 남북 경제협력의 상징인 개성공단을 하루아침에 폐쇄했습니다. 그곳에서 상품을 생산하는 기업들에도 알리지 않고 갑자기 내린 결정이었습니다. 우리 정부는 남북관계의 마지막 끈까지 잘라버렸습니다. 이후 남북관계는 최악이 됐고 2016년 내내 정치적, 군사적 긴장의 연속이었습니다. 북한은 2016년과 2017년 핵무기와 미사일 개발에 온 힘을 쏟았는데, 관계를 모두 끊어버린 우리 정부는 아무 일도 할 수 없었습니다. 2017년 5월 새로운 정권이 들어섰지만 상황을 금방 되돌릴 수는 없었습니다. 2017년의 전쟁 위기는 이런 상황에서 불거졌습니다.

마지막으로 미국의 강경 대응이 있었습니다. 2013년과 2017년의 상황은 북한의 핵무기 개발과 관련이 있습니다. 북한이 핵무기 개발을 시작한 이유는 미국을 상대하기 위해서였습니다. 미국은 북한의 존재 자체를 싫어합니다. 한국전쟁에 개입했던 이유 중 하나도 북한이라는 공산주의 정권을 응징하려는 것이었습니다. 한국전쟁은 북한과 미국의 전쟁이기도 했습니다. 한국전쟁 이후 미국은 남한에 군사기지를 마련하고 수만 명의 미군을 주둔시키면서 끊임없이 한반도 문제에 간섭했습니다. 미국은 북한을 국제사회에서 고립시키고 압박을 이어갔습니다. 북한은 국제사회의 고립에서 벗어나고 경제발전을 이루기 위해 미국을 직접 상대하기로 했습니다. 미국을 협상장에 나오게 하려고 미국을 위협하는 핵무기 개발을 시작했습니다. 핵탄두를 미국까지 실어보낼 수 있는 장거리 미사일 개발에도 힘을 쏟았습니다. 미국은 북한에 강경하게 대응했고 2013년과 2017년 결정적으로 군사적 긴장을 높이기도 했습니다. 우리 의사와 상관없이, 우리 안전을 무시한 채 이루어진 일입니다. 미국과 북한의 대결이지만 한반도에서 벌어지는 일이기 때문에 우리에게 직접 영향을 미칠 수밖에 없습니다.

지금까지 얘기한 모든 상황은 남한과 북한, 미국의 복잡한 정치적, 군사적 관계를 보여줍니다. 그렇지만 분명한 사실이 있습니다. 하나는 남북이 대화를 하고 원만한 관계를 유지할 때 군사적 대립이 줄어들고 우리 삶도 안전해진다는 점입니다. 우리는 그 같은 사실을 2018년 확실히 깨달았습니다. 북한의 핵무기 개발 상황은 2018년에도 변하지 않았습니다. 오히려 핵무기 개발을 끝내고 사실상 핵보유국이 됐습니다. 그렇지만 우리 정부는 대화하기로 했고 북한도 거기에 응했습니다. 미국도 마찬가지입니다. 북한의 핵무기를 없애기 위해서는 관계의 단절이 아니라 대화가 필요하기 때문입니다. 그리고 대화하는 동안에는 싸움을 중단할 수 있기 때문입니다. 다른 하나는 평화로운 삶을 살고 싶은 우리 의지가 정치를 움직인다는 점입니다. 남북의 정치적, 군사적 긴장이 완화되고 2018년 정부가 대화를 계속할 수 있었던 것은 많은 국민의 지지가 있었기 때문입니다. 평창 동계올림픽 때부터 국민은 남북의 관계 회복과 대화 재개를 열렬히 환영했습니다. 우리의 간절한 마음은 세계에도 그대로 전해졌습니다. 세계는 이제 한반도가 예전으로 돌아가지 말고 시간이 걸리더라도 한반도 평화가 이루어져야 한다는 데 공감하고 있습니다.

2018년의 변화와 달리 2019년 들어서는 남북과 북미 사이 대화에 큰 진전이 없었습니다. 역사적인 2018년 4·27 남북정상회담 1주년 행사도 북한의 참석 없이 남한 단독으로 치렀습니다. 언뜻 보면 국민의 관심도 줄어든 것처럼 보입니다. 그렇지만 4·27 남북정상회담 1주년을 맞아 한 언론사가 실시한 여론조사는 의미 있는 결과를 보여줍니다. 여론조사에서 4·27 남북정상회담이 남북관계에 어떤 영향을 미쳤는지에 대한 질문에 42%가 '다소 긍정적인 영향을 미쳤다'고 답했고, 29%가 '매우 긍정적인 영향을 미쳤다'고 답했습니다. 71%가 긍정적인 영향을 미쳤다고 본 것입니다. 22.2%는 '변화가 없었다'고 답했고, 6.8%는 '부정적 영향을 미쳤다'고 답했습니다. 이는 대다수가 남북대화를 좋은 일로 생각한다는 것을 보여줍니다. 북한 핵문제 해결에 대해서도 가장 많은 44.8%가 '쉽지는 않지만 해결될 것'이라고 답했습니다. '원만하게 해결될 것'이라고 답한 사람도 9.7%였습니다. 긍정적인 기대를 가지고 있는 사람이 54.5%나 됩니다. 물론 부정적으로 생각하는 사람들도 있었습니다. 32.4%는 '당분간 해결이 어려울 것'이라고 답했고, '해결이 매우 어려울 것'이라고 답한 사람도 13.0%나 됐습니다.* 물론 해결이 잘될지, 얼마나 어려움이 많을지는 알 수 없습니다. 그러나 절반 이상이 긍정적 답변을 했다는 것은 해결이 잘되기를 바라는 마음이 그만큼 크다는 사실을 나타냅니다.

2018년 4월 27일 남북정상회담이 이루어지고 1년이 지난 후에 실시한 여론조사 결과는 한반도에서 평화롭게 살고 싶은 사람들의 바람을 보여줍니다. 비록 전쟁 위기에도 초연하고 관심이 없는 듯 보였지만 대다수는 당연히 한반도에서 평화롭게 살기를 바랍니다. 이 점을 항상 기억하고 중요하게 생각해야 합니다. 우리가 관심을 가지

---

* KBS 뉴스 2019년 4월 27일 보도 참고.

고 간절히 원하면 한반도도 우리 삶도 평화로워질 수 있습니다.

함께 생각하고
토론하기

- 한반도에 사는 것의 좋은 점과 나쁜 점을 얘기해봅시다.

- 2013년과 2017년 전쟁 위기 상황에서 자신과 주변 사람들은 무슨 생각을 했는지 얘기해봅시다.

- 한반도에서 전쟁이 절대 없어야 한다고 생각한다면, 또는 있을 수도 있다고 생각한다면 왜 그렇게 생각하는지 토론해봅시다.

- 한반도에 전쟁 위험이 전혀 없다면 자신의 삶과 우리 사회에서 무엇이 달라질지 토론해봅시다.

2장

한국전쟁의
기억과 한반도

한국전쟁이란

1950년 6월 25일 북한이 남한을 침공하면서 한국전쟁이 일어났습니다. 한국전쟁의 비극은 1948년 남한과 북한이 각각 정부를 수립하고 한반도가 둘로 나뉘면서 시작됐습니다. 북한은 소련의 지원에 기대어 군사력을 강화했습니다. 남한은 군사적인 면에서 미국에 크게 의존했지만 미군은 1949년 5월 500명 정도의 군사고문단만 남겨 두고 철수했습니다. 남한보다 군사력이 월등했던 북한은 남한을 해방시키고 통일을 이루겠다는 명분을 내세우며 쳐들어왔습니다. 남한은 북한의 기습공격에 속수무책이었습니다. 북한 인민군은 이틀 만에 서울을 점령한 뒤 내리 남쪽으로 향했습니다. 6월 25일 미국의 요청으로 소집된 유엔 안전보장이사회는 북한의 '무력공격'에 심각한 우려를 나타냈고, 북한에 적대행위를 즉각 중지하고 군대를 삼팔선 이북으로 철수할 것을 촉구하는 결의안을 채택했습니다. 북한은 유엔의 결의안을 무시했고, 한반도의 공산화를 우려한 미국은 6월 27일 미군에게 한국군을 지원하도록 했습니다. 7월 7일 안전보장이사회는 '국제평화'와 '한반도의 안전보장'을 위해 한국을 지원한다는 권고문을 채택해 미국의 군사 지원을 사후에 승인했습니다. 또 유엔 연합군 파견을 결정하고 미국에 최고지휘권을 주었습니다. 이렇게 해서 미군이 주도하는 16개국으로 이루어진 연합군이 한국전쟁에 참여하게 됐습니다.

미군을 중심으로 한 연합군의 지원으로 국군은 9월 28일 서울을 탈환했습니다. 미국은 내친김에 북진을 원했고 이승만 대통령도 마찬가지였습니다. 미국은 이참에 공산주의 북한을 없애려 했고, 남한은 연합군의 도움을 받아 북한을 점령하여 한반도를 통일하려고 했습니다. 중국이 국군과 연합군의 북진에 여러 차례 경고했지만 남한과 미국은 무시했습니다. 국군과 연합군이 압록강 국경까지 북진하자 마침내 11월 중국이 공식적으로 참전을 결정했습니다. 중국의 지원을 받은 북한은 12월 말 삼팔선을 넘어 남진했고 1951년 1월 4일 서울을 다시 점령했습니다. 이때 그 유명한 1·4후퇴를 했습니다. 다행히 3월에 국군과 연합군이 서울을 재탈환했고 삼팔선을 다시 넘었습니다. 전쟁이 교착상태에 빠지자 미국과 연합군은 삼팔선에서 전쟁을 끝내기로 하고 북한과 중국에 협상을 제안했습니다. 그리하여 1951년 7월 10일 판문점에서 휴전을 논의하는 정전협상이 시작됐습니다.

정전협상은 진전을 이루지 못했습니다. 삼팔선을 중심으로 남한은 조금이라도 더 북쪽으로 영토를 넓히려 했고, 북한은 조금이라도 더 남쪽을 차지하려 했습니다. 그런 데다 북한을 꺾고 한반도를 통일하고 싶었던 남한은 휴전을 반대했습니다. 포로 송환 문제도 걸림돌이 됐습니다. 북한은 인민군 포로를 모두 송환하라고 요구했고, 남한은 인민군 포로들이 자유의사에 따라 돌아갈지 말지 선택해야 한다고 주장했습니다. 게다가 이승만 대통령이 협상을 진행하는 연합군 측과 상의도 없이 일방적으로 2만 7,000명의 반공포로를 석방하는 바람에 정전협상은 더 어려워졌습니다. 그러나 전선에서 전투가 치열해지고 미국이 적극적으로 설득하자 이승만 대통령은 포로 송환 거부를 철회하고 휴전에 동의했습니다. 정전협정은 2년 넘는 협상을 거쳐 1953년 7월 27일 이루어졌습니다. 미군에 작전지휘권을 넘긴 국군과 연합군을 대표하는 미국의 클라크 국제연합군 총사령관, 조선인민군 최고사령관 김일성, 중국인민지원군 사령원 팽덕회가 서명했습니다. 이로써 한국전쟁은 휴전을 맞게 됐습니다.

이상이 우리가 알고 있는 한국전쟁입니다. 이렇게 짧은 설명에는 많은 것이 빠졌습니다. 3년 이상 계속된 치열한 전쟁을 몇 문장으로 설명하는 것은 사실상 불가능한 일이지요. 그렇지만 우리는 그동안 이런 식으로 한국전쟁을 이해했고 교육을 받았습니다. 여기서 짚고 넘어가야 할 문제는 설명의 양이 아니라 방식과 내용입니다.

지금까지 우리 사회가 한국전쟁을 설명한 방식과 내용에서 드러난 첫 번째 문제는 지나치게 국가이익과 전쟁 승리에 초점을 맞췄다는 것입니다. 예를 들어 국군과 연합군은 서울을 탈환하고 나서 삼팔선 북쪽으로 계속 전진했습니다. 미국은 공산주의 북한을 전멸시키려고, 남한은 북한을 점령하여 통일을 이루려고요. 인민군이 힘을 잃

1953년 7월 휴전협정에 조인하는 유엔군 사령관과 북한 측 대표.

어가는 시점이었으니 어쩌면 절호의 기회였고 당연한 결정이었다고 볼 수 있습니다. 반면에 그것은 전쟁을 끝낼 중요한 기회를 놓친 결정이었습니다. 당시 북한이 삼팔선 이북으로 후퇴했을 때 전쟁을 끝냈다면 수많은 생명을 구했을 것입니다. 그런데 정치인과 군인들은 전쟁을 사람의 생명을 빼앗는 일이 아니라 국가이익과 군사전략적인 면에서만 봤습니다. 한반도에서 공산주의를 제거하려는 미국의 욕심도 큰 역할을 했습니다. 하루아침에 가족을 잃고, 피란민이 되고, 전 재산을 잃은 사람들에게 전쟁을 계속할 것인지 물었다면 어떤 대답을 했을지 궁금합니다.

　두 번째 문제는 한국전쟁 설명이 북한의 침공에만 초점을 맞추어 이루어졌다는 것입니다. 물론 북한의 침공이 전쟁의 시작이었고 기억해야 할 진실입니다. 그런데 전쟁을 평가할 때 또 다른 중요한 점은 전쟁을 하는 방식과 과정입니다. 전쟁은 일어나지 말아야 하고, 일어났다면 최대한 빨리 끝내야 합니다. 그것이 생명 손실과 사회 파괴를 줄이는 최선입니다. 전쟁을 할 때 기억해야 할 원칙 중 하나이기도 합니다. 전쟁에서 군인이 싸우는 이유는 승리가 목적이 아니라 사회와 민간인을 보호하기 위해서입니다. 민간인 피해를 줄이려면 전쟁을 빨리 끝내야 하는데 한국도 미국도 그럴 마음이 없었습니다. 북한은 남한을 해방시켜 통일을 이루겠다는 핑계로 남한을 침공했습니다. 남한도 서울을 탈환한 이후 북한을 항복시켜 통일을 이루겠다고 북진을 거듭하며 전투를 이어갔습니다. 이미 수많은 민간인이 사망하고 피란민이 넘쳐났음에도 괘념치 않았습니다. 물론 주로 북한에서 전투가 벌어질 것으로 예상했기 때문에 남한 사람은 피해가 없을 것이라고 생각했을 수도 있습니다. 그렇지만 통일이 목표였다면 북한 사람들의 피해도 생각했어야 합니다. 이래저래 논리적이지도 정당하지도 않습니다. 그 결과 한국전쟁은 너무 많은 생명을 빼앗은 전쟁으로 기록됐습니다. 국방부 자료에 의하면 남한에서는 사망과 학살, 부상, 납치와 행방불명으로 99만 명 이상의 민간인 피해가 발생했습니다. 그중 약 23만 명의 부상자를 뺀 76만 명 이상이 죽었거나 죽었을 것으로 여겨집니다. 북한의 피해는 150만 명 정도라고 하니 남북을 합치면 민간인 약 250만 명이 피해를 입었습니다. 사실 정확한 통계는 없습니다. 민간인 피해를 300만~500만 명으로 보기도 하니까요. 한국전쟁을 얘기할 때는 이렇게 막대한 인명 피해를 가져온 원인이 무엇인지 자세히 따져봐야 합니다. 전쟁의 시작에만 초점을 맞추지 말고 전쟁을 지속시킨 결정이 어떤 목적으로 어떻게 이루어졌는지도 살펴봐야 합니다.

세 번째 문제는, 이것이 가장 근본적인 문제인데, 한국전쟁이 북한을 무찌르고 나라를 지킨 정당한 전쟁이라는 데 초점을 맞췄다는 것입니다. 우리가 꼭 기억해야 할 것은 한국전쟁이 '전쟁'이었다는 사실입니다. 전쟁을 하면 반드시 피해를 입습니다. 전 세계가 전쟁을 거부하는 이유는 사람을 죽이고 사회를 파괴하기 때문입니다. 한국전쟁은 어느 전쟁보다도 민간인 피해가 많았고 사회를 파괴한 정도가 심각했습니다. 민간인 피해는 군인 피해의 거의 세 배였습니다. 이는 전쟁의 실행 원칙에도 어긋납니다. 국가는 전쟁을 피하려고 하지만 어쩔 수 없는 상황도 있다고 생각합니다. 우리나라 헌법에도 국회의 동의를 얻어 대통령이 선전포고하는 내용이 있습니다. 그럼에도 모든 나라는 전쟁을 하지 않으려고 노력합니다. 피치 못할 경우에는 중요한 원칙을 지켜야 합니다. 바로 민간인 피해를 최소화하는 것입니다. 그런데 한국전쟁에서는 그런 기본적인 원칙이 지켜지지 않았습니다. 이론적으로 '정당하지 않은 전쟁'이었습니다. 결과를 보면 우리 정부나 미국은 그런 점에 전혀 신경을 쓰지 않았던 것으로 보입니다. 물론 당시는 민주주의가 갓 시작됐을 때고 세계의 민주주의 수준도 높지 않았으니 그랬을 수 있다고 해도 지금은 한국전쟁을 다르게 봐야 합니다. 국가가 아니라 피해를 입은 사람들에게 초점을 맞춰서 말입니다. 무엇보다 중요한 점은 전쟁은 전쟁이라는 것입니다. 인류 보편적인 윤리로 볼 때 전쟁은 어떤 이유로도 정당화할 수 없습니다. 우리가 북한의 침공을 비난하는 이유도 그래서입니다. 그런데 우리는 북한의 침공과 애국심만 강조하면서 한국전쟁과 전쟁 자체를 정당화하려고 합니다.

전쟁 후 놓친 것들

한국전쟁은 1953년 7월 27일 정전협정으로 '일단락'됐습니다. 정전협정은 '교전을 중단'한다는 뜻으로, 영어로는 'armistice agreement'입니다. 모든 전투를 끝내고 전쟁 전의 상태로 돌아간다는 말이 아닙니다. '싸우는 것을 쉰다'는 '휴전'의 뜻입니다. '언제든 다시 싸울 수 있다'는 뜻이기도 합니다. 그래서 우리는 정전협정을 '휴전협정'으로 부르기도 합니다. 남한과 북한이 전쟁을 완전히 끝내는 것이 아니라 쉬는 것에 동의한 이유는 각자 자국의 정치 이념과 체제로 한반도를 통일해야 한다는 명분이 있었기 때문입니다. 정전협정은 남한과 북한이 한반도에서 적대적인 관계를 유지하고, 상대를 공격하기 위해 무력을 강화하며, '통일'을 얘기하면서 서로를 비난하는 좋은 핑계가 됐습니다. 그러다 보니 정전협정을 위반하고 서로를 공격하는 군사 충돌이 자주 일어났습니다. 충돌이 잦았던 1966년과 1967년에는 정전협정 준수를 감시하는 군사정전위원회에 보고된 것만 200건이 넘었다고 합니다.

정전협정의 의미를 잘 보여주는 것이 비무장지대입니다. 정전협정은 남북을 가르는 군사분계선, 즉 휴전선을 중심으로 남쪽 2킬로미터와 북쪽 2킬로미터, 총 4킬로미터 지역을 비무장지대로 정했습니다. 말 그대로 무장한 군인과 군사시설을 두지 않는 지역이라는 뜻으로, 남북이 군사적으로 충돌하지 않게 하려는 의도였습니다. 그런데 말이 무색하게 남한과 북한은 이곳을 무장지대로 바꿔버렸습니다. 정전협정 직후부터 경쟁하듯 감시초소GP를 세우고 무장한 군인들과 기관총, 박격포 등 중화기를 배치했습니다. 비무장지대는 남북한 군인 6,000명 이상이 상주하고 언제라도 교전이 일어날 수 있는 살벌한 곳이 됐습니다. 2018년 국방부는 이런 감시초소가 북쪽에 150개, 남쪽에 60개 정도 있다고 했습니다. 남한과 북한은 2018년 9월 19일 군사합의 이후 상징적으로 남한 것 11개, 북한 것 11개, 총 22개의 감시초소를 철거했습니다. 그러나 남은 감시초소가 훨씬 많아서 비무장지대는 여전히 무장지대로 남아 있습니다.

우리는 그동안 정전협정의 의미를 제대로 이해하지 못했습니다. 이것이 전쟁 후 우리가 놓친 것 중 하나입니다. 정전협정을 당연히 전쟁을 끝내는 약속으로 이해했고, 남한과 북한이 서로 총부리를 들이대며 비난하는 이유는 사이가 안 좋기 때문이라고 여겼습니다. 정전협정은 우리가 생각하는 것보다 큰 의미가 있습니다. 한반도에서 남한과 북한 사이에 군사적 충돌, 심지어 전쟁이 벌어져도 이상할 것이 없다는 의미이니까요. 우리보다 오히려 다른 나라 사람들이 한반도의 이런 상황을 잘 이해했습니다. 외국 언론은 남북관계가 나빠지거나 군사적 긴장이 높아질 때마다 한국이 전쟁상태technically at war라는 것을 잊지 않고 강조했습니다. 즉, 한반도가 전쟁을 쉬는 '휴전'에서 전쟁을 완전히 끝내는 '종전'으로 가는 상태에 있으며, 그래서 무력 충돌이 일어날 수도 있다고 말이지요. 우리는 오래전에 정전협정의 의미를 정확히 이해하고 정부에 '휴전'을 '종전'으로 바꾸라고 요구했어야 합니다. 그러나 그러지 못한 채 세월만 허비했습니다. 독재자와 정치인은 오히려 국민의 무관심과 무지에 힘입어 남북 대립과 군사적 대결을 강화했습니다.

정전협정이 나쁘다는 말이 아닙니다. 전쟁을 완전히 끝내고 평화로 가는 다리 역할을 하니까요. 정전협정으로 한반도에 교전이 멈추고 남북 사이에 물리적 충돌이 없는 최소한의 평화가 이루어졌습니다. 정전협정을 잘 지키는지 감시하고 휴전상태를 유지하기 위해 군사정전위원회도 마련했습니다. 세계 다른 곳에서 전쟁 후 진행된 과정과 같습니다. 이것을 평화유지하기peace-keeping라고 부릅니다. 이 시기에 중요한 것은 서로 군사적으로 공격하지 않는 것입니다. 또 서로의 안전을 위해 상대에 대한 증오가 아니라 전쟁이 모두에게 가져온 피해에 초점을 맞추고 다시는 같은 일이 일어나지 않도록 하는 것입니다. 이 시기에 서로 공격하지 않고 싸우지 않으면 평화를 정착시키는 평화세우기peace-building를 할 수 있습니다. 굳이 종전을 선언하거나 평화협정을 맺지 않아도 서로에 대한 공격을 멈추고 평화로운 관계가 될 수도 있습니다. 우리는 평화유지하기를 하지 못했습니다. 노력하지도 않았습니다. 오히려 다시 총부리를 겨누고 군사적 대결을 강화하는 과정으로 만들어버렸습니다. 남한과 북한이 똑같습니다. 우리는 상황을 정확히 이해하지 못했습니다. 우리에게 주어진 중요한 기회를 제대로 이용하지 못했습니다. 이 역시 우리가 전쟁 후 놓친 것 중 하나입니다.

한국전쟁은 이념이 다른 남한과 북한 사이에 일어났습니다. 북한은 공산주의로 한반도를 통일하려 했고, 남한은 자본주의로 한반도를 통일하려 했습니다. 서로 다른 이념 때문에 북한은 전쟁을 시작했고, 남한은 휴전을 반대하고 전쟁을 연장했습니다. 그로 인해 많은 사람이 희생됐습니다. 전쟁 이후 남한 사회에서 비슷한 일이 벌어졌습니다. 바로 이념을 이용해 사람을 억압하고 감시하고 고문하고 죽이는 일이 벌어졌던 것입니다. 1961년 5·16군사쿠데타를 일으켜 정권을 잡은 박정희는 18년 동안 군사독재를 자행했습니다. 쿠데타 직후 '반공법'을 만들어 "반국가 단체에 가입"하거나 공산주의와 관련된 활동을 "찬양·고무"하는 사람을 처벌했습니다. 이 법은 정부의 눈에 거슬리는 학생, 정치인, 예술가 들에게 '반국가 단체'에 속했다거나 북한을 '찬양'했다는 죄를 씌워 억압하고 체포하는 데 이용됐습니다. 평범한 사람도 정부를 비판하면 북한에 동조했다는 이유로 체포했습니다. 이렇게 이념을 이용해 국민을 감시하고 억압해서 독재정권을 유지했습니다. 그 후의 군사독재 정권과 정치인들도 국민의 눈과 귀를 막고 자신들의 이익을 챙겼습니다. 독재정부의 인권탄압과 민주주의에 어긋나는 정책을 비판하는 모든 사람을 '빨갱이'라며 매도했습니다. 눈 밖에 난 대학생과 정치인, 사회운동가 들을 닥치는 대로 체포해 고문했습니다. 1987년에는 대학생 박종철이 고문을 받다가 죽기도 했습니다.

전쟁을 겪었으니 북한과 공산주의 이념에 대한 반감이 컸습니다. 권력을 잡은 정치인과 그에 동조하는 사람들은 반공을 내세우며 국민을 감시하고 편을 갈랐습니다. 많은 사람이 북한과 공산주의에 대한 증오를 내세워 그런 정치인들을 지지했습니다. 그러다 보니 사람들은 서로 미워했고 사회는 이념 전쟁을 일삼았습니다. 이념 때문에 일어났던 한국전쟁을 교훈 삼아서 이념이 사람을 해치는 무기가 되지 않도록 했어야 하는데 그러지 못했습니다. 이념의 칼로 사람을 해치는 일이 끊이지 않았음에도 방관하고 지지했습니다. 한국전쟁 후 우리가 놓친 것 중 중요한 하나입니다.

전쟁 후 서로의 상처를 감싸주고 사회를 회복하는 데 관심을 가져야 했습니다. 그러나 먹고살기 힘들어서, 그리고 북한에 대한 증오와 이념 때문에 남북 분단과 전쟁으로 피해를 당한 사람들을 외면했습니다. 대표적인 사례 중 하나가 이산가족입니다.

한국전쟁 후 이산가족이 많이 생겼습니다. 남한과 북한을 합쳐 1,000만 명 가까이 됐습니다. 전쟁으로 남북 분단이 굳어졌기 때문에 이산가족은 가족을 만나지 못하게 됐습니다. 헤어진 가족을 만나고 싶은 이산가족의 바람은 오직 정부가 해결할 수 있는 일이었습니다. 그러나 남북 대결 때문에 이산가족 문제는 오랫동안 무시됐습니다. 어떤 정치적 영향도 받으면 안 되는 인도적 문제인데 말입니다. 첫 이산가족 상봉은 1985년에야 이루어졌습니다. 남북을 합쳐 겨우 65가족이 서로 만났습니다. 첫 번째 남북정상회담이 이루어진 후인 2000년 8월 이산가족방문단을 교환했습니다. 남북은 이산가족 문제를 인도적 문제라고 얘기했지만 남북관계가 나빠지면 이산가족 만남도 중단됐습니다.

아직도 대다수 이산가족이 가족을 만나지 못했고, 나이가 많은 사람들은 세상을 떠났습니다. 통일부 통계에 따르면 2019년 3월 현재 이산가족 상봉을 신청한 사람은 5만 5,185명인데 그중 80세 이상이 3만 5,633명으로 가장 많습니다. 70~79세의 노인도 1만 1,859명이나 됩니다. 통일부가 처음 집계한 2003년 11월 통계에는 10만 3,320명으로 돼 있었는데 15년 동안 4만 8,000명 이상이 사망했습니다. 더 일찍 남북이 이산가족 상봉을 시작하고 만남이 계속됐더라면 많은 사람이 편안하게 세상을 떠났을 터입니다. 그러나 우리 사회는 남북 대결에 몰두하느라 인도적인 문제와 이산가족의 아픈 마음을 외면했습니다.

한국전쟁 때 인민군에게 협조했다고 여겨지거나 북한으로 간 사람들의 가족은 숨어지내야 했습니다. 그런 가족이 있으면 '연좌제'

1983년 KBS 본관 건물 벽과 기둥, 게시판에 빽빽이 나붙은, 이산가족의 인적 사항이 적힌 벽보들.(위)
1985년 9월 21일 평양 고려호텔에서 이산가족이 만나는 장면.(아래)
ⓒ 연합뉴스

가 적용돼 공무원이 될 수도 없었습니다. 사람들에게 알려지면 비난과 따돌림을 받았습니다. 전쟁 때 국군의 학살로 가족을 잃은 사람들도 억울한 사연을 얘기하지 못했습니다. 목숨을 걸고 싸운 군인들의 명예를 더럽히고 북한에 동조했다고 비난받을까 무서웠기 때문입니다. 한국전쟁 초기 전남 함평에서는 국군이 공비를 토벌한다며 민간인 249명을 집단 총살했습니다. 이 억울한 사연은 2008년에야 조사를 통해 제대로 밝혀졌고, 유가족들은 2012년 법원에서 국가 배상 판결을 받았습니다. 정부도 사회도 한국전쟁으로 인한 아픔을 살펴려 하지 않았고 관심도 없었습니다. 오히려 그들의 입을 틀어막았으며, 목소리를 낼라치면 불순하다고 비난했습니다. 이에 대해서는 남북 분단과 이념을 이용해 정권을 잡고 실속을 챙겼던 정치인들에게 책임이 있습니다. 그들을 지지한 우리에게도 책임이 있습니다. 이는 전쟁이 끝난 후 우리 사회에서조차 평화를 이루지 못한 이유 중 하나였습니다.

평화는 없고 증오는 있다

사람들은 보통 전쟁 중일 때, 그리고 전쟁을 겪은 후에야 평화를 생각하고 평화에 관심을 가집니다. 그것은 죽도록 배고플 때 밥 한 그릇이 절실해지고, 잠잘 곳이 없을 때 한 칸 방이 간절해지는 것과 같습니다. 전쟁이 없다고 평화가 완벽하게 이루어지는 것은 아니지만 전쟁은 전쟁 없는 세상을 꿈꾸게 합니다. 자연스럽게 평화를 생각하게 합니다.

평화운동에 대해 들어봤나요? 평화운동은 다양한 사람이 공존

하는 평화로운 세상을 이루기 위해 노력하는 사회운동입니다. 평화
운동은 특히 전쟁이 있을 때 목소리를 크게 내고, 전쟁 위험이 있을
때 사람들의 관심도 높아집니다. 세계적으로도 1차 세계대전이 끝
난 후 다시는 전쟁에 동의하지 않겠다고 맹세했고 평화운동에 한껏
지지를 보냈습니다. 2차 세계대전 중에도, 전쟁이 끝난 후에도 마찬
가지였습니다. 1950년대에는 핵무기 전쟁을 우려해 전 세계가 핵무
기 반대 운동을 벌였습니다. 미국에서는 베트남전쟁 중이던 1960년
대 중반부터 1970년대 초반까지 전쟁에 반대하고 평화를 주장하는
대규모 시위가 벌어졌습니다. 50만 명이 백악관 앞에서 "평화에 기
회를Give Peace a Chance"이라고 외치기도 했습니다. 2003년 2월 전 세
계 60개국, 600여 개 도시에서 미국의 이라크 침공 계획에 반대하는
집회가 열렸습니다. 세계 역사상 가장 많은 사람이 거리로 나와 전쟁
반대를 외쳤습니다.* 우리나라에서도 집회가 열렸습니다. 전 세계 사
람들은 전쟁 위험이 닥칠 때마다 평화에 관심을 가지고 전쟁에 반대
했습니다.

　우리 상황은 어땠을까요? 한국전쟁 중에도, 그 이후에도 평화에
관심이 없었습니다. 물론 여러 가지 이유가 있었습니다. 당장 먹고사
는 문제도 해결하지 못하는 가난한 나라였고, 정치적으로 안정되지
도 않았으며, 사회는 거의 파괴됐습니다. 1, 2차 세계대전을 겪으면

---

* 　서보혁·정주진, 앞의 책, 86~96쪽.

서 전 세계적으로 번졌던 평화운동이 우리나라에는 들어오지도 않았습니다. 1960년대부터는 독재정권하에서 민주화운동과 인권운동이 일어났습니다. 그렇지만 평화에는 관심이 없었습니다. '평화'라는 말조차 들을 수 없었습니다. 평화에 관심을 가지는 사람이 어쩌다 한 명씩 나타났지만 다른 사람의 마음을 움직일 정도로 영향력을 가지지 못했습니다. 이런 상황은 1980년대까지 계속됐습니다. 1980년대 말이 돼서야 일부 기독교인이 남북관계와 관련해 평화를 얘기했습니다. 1990년대 중반 이후 마침내 평화운동이 나타났습니다. 그렇지만 평화운동도 평화도 여전히 사회의 큰 관심을 받지 못했습니다. 지금의 사정도 크게 다르지 않습니다. 우리 국민은 평화를 모르는 것일까요, 아니면 평화에 관심이 없는 것일까요?

꼭 '평화'를 얘기하지 않아도 평화롭게 살 수 있습니다. 충분히 평화로워서 굳이 평화를 얘기할 필요가 없을 수도 있으니까요. 그러나 우리 상황은 달랐습니다. 우리가 평화에 관심이 없고 평화를 얘기하지 않았던 이유는 그보다는 북한을 증오하는 마음이 컸기 때문입니다. 평화가 없는 사회는 증오로 채워졌습니다.

북한에 대한 증오의 뿌리는 한국전쟁입니다. 북한의 침공으로 전쟁이 시작됐고 끔찍한 피해를 입었기 때문에 미워할 수 있습니다. 그렇지만 이미 얘기한 것처럼 전쟁이 길어진 것은 북한만 탓할 수 없습니다. 우리와 미국의 선택도 있었습니다. 한국전쟁에 뿌리를 둔 증오는 증오를 낳았습니다. 우리는 북한 때문에 한반도가 남북으로 갈라졌다고 여겨서 증오했습니다. 북한이 아니었다면 한반도는 한 나라로 잘살았을 거라고 생각했습니다. 그러나 한반도에 두 나라가 들어선 것을 오로지 북한 탓으로만 돌릴 수는 없습니다. 존재하는 북한을 부정할 수도 없습니다. 또 북한이 잘못된 공산주의 이념을 가진 국가라고 증오했습니다. 북한에 대한 증오가 한국전쟁 이후 지금까지 우리 사회를 채웠습니다.

북한에 대한 증오는 북한만 향하지 않았습니다. 우리 안에 있는 사람들을 향하기도 했습니다. 투철한 반공정신으로 무장한 채 북한을 증오하는 사람들은 북한을 이해하고 북한과 대화하려 하는 사람들도 증오했습니다. 심지어 정부가 북한과의 관계를 개선하고 대화를 하려고 나서는 것조차 비난하면서 무조건 북한과 싸워야 한다고 주장했습니다.

헌법 제69조는 대통령에 취임할 때 "나는 헌법을 준수하고 국가를 보위하며 조국의 평화적 통일과 국민의 자유와 복리의 증진 및 민족문화의 창달에 노력하여…"라는 선서를 한다고 밝힙니다. 그러니 대통령은 반드시 북한과 관계를 잘 이끌고 유지해야 하며, 그러기 위해서는 대화를 해야 합니다. 좋은 관계와 대화 없이 "평화적 통일"은 불가능하니까요. 북한을 증오하는 데에만 몰두하는 사람들은 정부의 대화조차 거부합니다. 그러면서도 통일을 얘기합니다. 그들이 말하는 통일은 헌법에 명시된 "평화적 통일"이 아니라 북한을 공격해서 무너뜨리는 통일입니다. 그런 방식은 가능하지도 않거니와 그래서도 안 되는 일입니다. 한반도를 다시 전쟁의 소용돌이로 몰아넣고 파괴할 수도 있으니까요.

전쟁을 겪은 후 평화를 생각하면 전쟁이 남긴 피해에서 벗어나 사회를 회복할 수 있습니다. 다시는 전쟁이 일어나지 않도록 생각을 키우고 능력을 갖출 수도 있습니다. 그렇지만 증오만 생각하면 상대에게 피해를 입히는 것이 아니라 오히려 자신을 파괴하게 됩니다. 우리가 그렇게 살아왔습니다. 북한에 대한 증오로 우리 사회에서 서로를 미워하고, 다른 생각을 가진 사람들을 핍박하고, 이념 전쟁을 해왔습니다. 더는 한국전쟁에서 비롯된 북한에 대한 증오 때문에 우리까지 파괴하는 일이 없어야 합니다.

한국전쟁, 어떻게 기억할 것인가

〈고지전〉이라는 영화가 있습니다. 삼팔선 부근에서 고지를 차지하고 지키기 위해 매일 전투를 벌이는 군인들의 이야기입니다. 한국전쟁 때 실제로 있었던 일에서 아이디어를 얻어 만든 영화입니다. 정전협상이 막바지에 이르렀을 때 전방의 군인들은 고지 하나라도 더 점령하려고 날마다 인민군과 치열한 전투를 벌였습니다. 그들은 2년 동안 지지부진하던 정전협상이 빨리 끝나기를 간절히 바랐습니다. 전투가 하루라도 길어지면 살아서 집으로 돌아갈 가능성이 그만큼 줄어드니까요. 3년이나 전투를 했던 군인들은 몸도 마음도 정상이 아니었습니다. 주인공은 자신이 싸우고 있는 곳이 '지옥'이라면서 "왜 전쟁은 안 끝나는데."라고 말합니다. 다른 장면에서는 "나 사람 아니야. 사람 진즉에 다 죽었어. 3년 그 시간에 사람이 살아남았겠어?"라고 부르짖습니다. 매일 전장에서 동료를 잃어도 아무렇지 않은 듯 지내고, 비록 적이지만 인민군도 사람인데 매일 죽여야 하는 자신의 모습을 견딜 수 없었던 겁니다. 현재 꼬불꼬불하게 돼 있는 휴전선은 수많은 남북한 군인의 피로 이루어진 것입니다.

1950년 7월 23일 충북 영동군 주곡리 주민 500여 명은 미군들로부터 마을을 비우고 떠나라는 명령을 받고 옆마을로 가려고 길을 나섰습니다. 26일에는 미군의 유도로 행로를 바꾼 후 경부선 철로를 따라 반대편인 노근리 철교 쪽으로 피신했습니다. 그런데 갑자기 미군 비행기가 주민들을 폭격했고, 미군들은 기관총을 쏘아댔습니다. 철교 위에서 많은 주민이 사망했고 나머지는 철교 밑 두 개의 굴로 피신했는데 미군은 거기에도 마구 기관총을 쏘아댔습니다. 주민들 사이에 북한 인민군이 숨어 있다고 판단하여 무차별 공격을 했던 것입니다. 인민군 몇 명이 숨어 있는지, 정말 숨어 있는지도 확실하지 않은 상황에서 벌어진 일입니다. 당시 자료에 따르면 미군 지휘부는 현지 부대에 피란민 500여 명을 모두 적으로 취급하라고 명령했습니다. 미군의 무차별 공격으로 남녀노소를 가리지 않고 250~300명 정도가 희생됐습니다.* 바로 노근리 양민학살사건입니다. 노근리 쌍굴다리에는 지금도 총탄의 흔적이 선명하게 남아 있습니다.

전남 진도의 한 마을에서는 한국전쟁 초기에 167명이 사망했습니다. 1950년 7월부터 10월까지 석 달 사이에 벌어진 일입니다. 7월 말 경찰은 철수하기 전에 이 마을의 좌익 성향 주민 5명을 바다로 끌고 가 처형했습니다. 8월 말 인민군이 진도에 상륙했습니다. 유가족들은 인민군을 앞세워 보복을 시작했습니다. 9월부터 10월 초까지 인민군과 좌익 주민들에게 110명 정도가 죽임을 당했습니다. 10월 초 경찰이 진도를 탈환했습니다. 인민군에 협조했던 주민들은 진도를 떠났습니다. 그러나 주민 가운데 20명이 인민군에 협조했다는 이유로 처형됐습니다. 이렇게 몇 달 사이에 이 마을에서는 작은 전쟁이 벌어졌고 167명이 사망했습니다.**

위의 이야기들은 그로써 끝나지 않습니다. 고지를 탈환하기 위한 치열한 전투도, 양민 학살도, 마을의 전쟁도 곳곳에서 벌어졌습니다. 그 일의 중심에 있었던 사람들은 각자의 한국전쟁을 겪었고 각

---

* 　노근리평화공원 노근리사건 안내 참고.
** 　박찬승, 『마을로 간 한국전쟁』, 돌베개, 2010, 63~128쪽.

자의 시각으로 한국전쟁을 기억할 것입니다. 우리 사회에는 서로 다른 많은 기억이 있습니다. 한국전쟁에 대한 기억은 하나가 아닙니다. 사람에 따라, 가족에 따라, 마을과 지역에 따라 여러 가지 기억이 있습니다. 지금까지는 주로 국가와 사회가 기억하는 전쟁만 얘기했습니다. 우리는 여러 기억을 찾아야 합니다. 그래야 한국전쟁을 제대로 기억할 수 있고, 한국전쟁을 통해 교훈을 얻을 수 있습니다.

국가와 사회 차원에서도 한국전쟁에 대한 기억을 새로이 해야 합니다. 먼저 우리는 한국전쟁을 전쟁으로 기억해야 합니다. 북한의 침공으로 시작돼 남한과 북한이 치열하게 싸웠던 일만 얘기하면 북한을 물리치고 오늘날 우리를 있게 한 전쟁으로만 기억할 수 있습니다. 또 북한이라는 적에만 초점을 맞출 수 있습니다. 물론 북한이 전쟁을 일으켰다는 진실은 기억해야 합니다. 그러나 그런 식으로만 기억하면 전쟁을 합리화하는 중대한 실수를 저지를 수 있습니다. 전쟁에서 있었던 수많은 죽음을 '어쩔 수 없는 일'로 정당화할 수 있습니다. 군인들이 매일 사람을 죽여야 했던 것도, 무고한 사람들이 학살을 당했던 것도, 한마을 사람들이 서로를 죽였던 것도 모두 전쟁 때문이었습니다. 전쟁은 세상을 지옥으로 만들고 사람의 생명을 하찮게 여기게 합니다. 한국전쟁에서도 같은 일이 벌어졌습니다. 전쟁이었으니까요.

목숨을 잃은 사람들을 위해 한국전쟁을 기억해야 합니다. 현충

한국전쟁 당시 피란길에 나선 시민들. ⓒ 연합뉴스

일이면 한국전쟁에서 목숨을 잃은 군인들을 기억합니다. 중요한 일입니다. 그런데 냉정하게 얘기하면 전쟁에서 군인들이 목숨을 잃는 일은 놀랍지 않습니다. 군인들이 싸우는 것이 바로 전쟁이니까요. 그렇지만 민간인이 죽는 것은 문제가 됩니다. 전쟁의 참혹함은 얼마나 많은 민간인이 죽었느냐가 말해줍니다. 한국전쟁에서는 민간인이 군인보다 세 배나 더 많이 죽고 실종됐습니다. 전투가 일어난 곳에서 죽은 사람도 많았지만 의도적인 공격으로 학살당한 사람도 많았습니다. 그런데도 목숨을 잃은 수많은 민간인은 기억하지 않습니다. 그들이야말로 제대로 기억해야 하는 전쟁의 희생자들입니다. 그래야 한국전쟁을 참혹한 전쟁으로 기억하며 한반도에서 다시는 그런 일이 없어야 한다고 다짐할 수 있습니다.

한국전쟁을 한반도의 비극으로 기억해야 합니다. 북한을 무찌르고 대한민국을 지킨 자랑스러운 전쟁이 아니라 수백만 명의 목숨을 빼앗고 한반도를 파괴한 비극적인 일로 기억해야 합니다. 남한과 북한이 지금까지 서로 총부리를 겨누고 증오하게 한, 남한과 북한 사람들이 서로를 미워하게 한 비극으로 기억해야 합니다. 오늘날 우리 삶까지 평화롭지 않게 한 비극으로 기억해야 합니다. 그래야 평화롭지 않은 삶을 평화롭게 바꿀 수 있습니다.

평화를 위해 한국전쟁을 기억해야 합니다. 이것이 가장 중요합니다. 세계 많은 곳에서 전쟁 중에, 그리고 전쟁을 겪은 후에 평화를 얘기했듯이 우리도 한국전쟁을 평화를 얘기하는 기회로 삼아야 합니다. 북한에 대한 증오를 키우고 국가안보의 중요성을 강조하기 위해서가 아니라, 다시는 군인이든 민간인이든 무력 충돌로 목숨을 잃는 일이 없도록 하기 위해 전쟁을 기억해야 합니다. 한반도를 전쟁 위험 없이 안전하고 평화로운 곳으로 만들기 위해 전쟁을 기억해야 합니다. 남북 사이에 어떤 일이 생겨도 군사적 대결이 아닌 대화로 문제를 해결하기 위해 전쟁을 기억해야 합니다.

한국전쟁을 다양한 눈으로 바라보고 해석해야 합니다. 한국전쟁을 겪었던 평범한 사람들의 이야기를 통해, 여전히 한국전쟁의 영향을 받으며 사는 우리 삶을 바라보고 해석해야 합니다. 무엇보다 남북 공존과 한반도 평화, 나아가 평화로운 통일을 위해 새로운 눈으로 바라보고 새롭게 생각해봐야 합니다.

함께 생각하고 토론하기

- 각자 자신이 알고 있는 한국전쟁을 설명해봅시다.
- 한국전쟁에 대해 어른들에게 들었던 이야기를 나누고 공통점이 무엇인지 토론해봅시다.
- 한국전쟁 때 피해를 입은 사람들과 전쟁 후 그들의 삶을 생각하고 토론해봅시다.
- 한국전쟁이 한반도 평화와 평화적 통일에 어떤 영향을 주는지 토론해봅시다.

3장

남북관계와
우리의 삶

남북대화의 시작

한국전쟁 이후 우리는 북한과 공식적인 접촉이나 대화 없이 총부리를 겨누고 비난하는 일에 몰두했습니다. 정부가 처음 북한과의 관계를 바꿔야 한다고 얘기한 것은 1970년이었습니다. 박정희 대통령은 광복절 경축사에서 남북 사이의 긴장이 완화되지 않으면 평화적 통일이 불가능하다고 얘기했습니다. 또 북한이 무장공비 남파, 전쟁 도발, 적화통일 생각을 버려야 한다고 했습니다. 그러면 통일을 위한 토대를 마련하는 일을 할 수 있고, 북한이 유엔에 참석하는 것도 반대하지 않겠다고 덧붙였습니다. 바로 '8·15선언'입니다.

'8·15선언' 1년 후인 1971년 8월 12일 대한적십자사 총재는 북한적십자사에 이산가족의 상황을 파악하고 가족이 서로 소식을 전하고 만날 수 있도록 남북 적십자사가 공동으로 노력하자고 제안했습니다. 북한이 이 제안을 받아들이면서 1971년 8월 20일 남북 적십자사 직원들이 판문점에서 만났습니다. 첫 남북 접촉이었습니다. 9월 20일 남북 적십자사 예비회담이 열렸고 1년의 노력 끝에 1972년 8월 1차 본회담이 열렸습니다. 그렇지만 회담은 1973년 7월 7차를 끝으로 중단됐습니다. 남측은 이산가족 문제만 다루기를 원했으나 북측은 정치문제까지 논의하길 원했기 때문입니다. 그 후 대표회의와 실무회의가 열렸지만 본회담은 1985년 5월까지 열리지 못했습니

남북 적십자회담 개최를 기념하기 위해 발행한 우표. 1971년 12월 31일 체신부 발행. ⓒ국립민속박물관

다. 남북관계가 전혀 좋아지지 않았고 무엇보다 서로 신뢰하지 않았기 때문입니다. 이산가족 만남은 첫 회담 후 13년 만인 1985년 9월 처음 이루어졌습니다. 2차 이산가족 만남은 다시 15년 후인 2000년 8월에야 이루어졌습니다. 이산가족 만남이라는 인도적 문제도 남북의 정치적 관계가 좋지 않고 신뢰가 없으면 해결할 수 없다는 사실을 잘 보여줍니다.

남북 정부의 첫 회담은 1972년 5월 열렸는데 당시엔 누구도 몰랐습니다. 박정희 대통령은 비밀리에 중앙정보부장 이후락을 평양으로 보냈습니다. 이후락은 5월 2~5일 평양에 체류하면서 북한의 김영주 노동당 조직지도부장과 회담을 하고 김일성 주석도 만났습니다. 그렇게 이루어진 남북공동성명은 7월 4일 서울과 평양에서 동시에 발표됐습니다. 바로 '7·4남북공동성명'입니다. 성명에서 남북은 '자주, 평화, 민족대단결'이라는 통일의 세 가지 원칙에 합의했습니다. '자주'는 외세의 도움이나 간섭 없이 남북이 스스로 통일하고, '평화'는 상대방에게 무력을 사용하지 않고 평화적인 방법으로 통일하며, '민족대단결'은 사상·이념·제도의 차이를 뛰어넘어 민족 단결을 위해 통일해야 한다는 원칙이었습니다. 이 외에도 남북 사이 군사적 긴장을 완화하고 신뢰를 형성해 남북관계를 개선하자는 내용이 담겨 있었습니다.

공동성명 내용대로라면 한반도는 금세 평화로워질 것 같았습니다. 그러나 공동성명은 지켜지지 않았고 남북 정부는 평화에 관심이 없는 것처럼 보였습니다. 박정희 대통령은 독재를 연장하려는 시도에 여론이 좋지 않자 정치적 위기를 벗어나려고 북한에 대화를 제안했던 것입니다. 국민에게 알리지 않고 비밀리에 남북회담을 진행한 것도 문제였습니다. 남한과 북한은 1년 후에 독재를 강화하려고 헌법을 개정했습니다. 남한과 북한 통치자가 모두 자기 권력을 강화하려고 남북관계와 통일을 이용했다는 비판이 나왔습니다. '7·4남북공동성명'은 지켜지지 않았지만 남북의 첫 공동성명이었고, 남북이 통일 원칙을 함께 확인했다는 점에서 의미가 있습니다.

남북관계를 개선하고 평화적 통일의 토대를 마련하는, 제대로 된 남북대화가 이루어진 것은 2000년이었습니다. 2000년 6월 13일 김대중 대통령은 평양의 순안공항에 도착해 김정일 국방위원장의 환영을 받았습니다. 남북 정상의 첫 만남이었습니다. 우리뿐만 아니라 전 세계가 남북 정상의 만남을 지켜보면서 자못 감격했습니다. 정상회담은 6월 13일부터 15일까지 이루어졌습니다. 두 정상은 회담 결과로 '6·15남북공동선언'을 발표했습니다. 공동선언을 통해 남북은 통일을 "우리 민족끼리" 힘을 합쳐 "자주적으로" 해결해나가기로 했습니다. 남측의 연합제 안과 북측의 낮은 단계의 연방제 안이 서로 공통성이 있다고 인정하고 앞으로 이 방향에서 통일을 지향해 나가기로 했습니다. 아울러 이산가족 방문, 경제협력, 사회·문화·체육·보건·환경 등 다양한 분야에서의 협력과 교류를 통해 신뢰를 다지기로 했습니다.

1차 남북정상회담은 남북한 모두에게 크게 환영받았습니다. 북한에 대한 우리 사회의 적대적인 감정도 누그러졌습니다. 정상회담은 남북관계를 적대관계에서 협력관계로 변화시켰습니다. 공동선언에 있는 것처럼 실제로 남북은 관계를 개선하기 위해 노력했고 다양한 분야에서 교류를 시작했습니다. 남북 경제협력의 상징인 개성공단을 가동했으며, 특히 남한은 '햇볕정책'을 통해 북한과의 군사적 긴장을 완화하고 협력관계를 이루어 북한을 개방으로 유도하려고 노력했습니다. 모두 한반도의 안전과 평화를 위하고 평화적 통일로 나아가기 위한 노력이었습니다. 이런 진정성 있는 정책에 북한도 호응했고, 한반도에는 한국전쟁 이후 처음으로 평화의 기운이 넘쳤습니다.

2차 남북정상회담은 2007년 10월 2~4일에 평양에서 이루어졌습니다. 노무현 대통령은 대한민국 대통령으로는 처음으로 걸어서 군사분계선을 넘어가 평양개성고속도로를 달려 평양으로 갔습니다. 김대중 정권 때 시작된 남북관계 개선과 대화가 노무현 정권 때까지 계속된 덕분이었습니다. 남북 사이에 신뢰가 쌓인 덕분이기도 했습니다. 노무현 대통령과 김정일 국방위원장은 '2007남북정상선언문'을 발표했습니다. 선언문에서 두 정상은 '6·15남북공동선언'의 내용을 지키고 남북관계를 상호존중과 신뢰관계로 확고하게 바꿔나가겠다고 다짐했습니다. 남북의 군사적 적대관계를 끝냄으로써 한반도에서 긴장을 완화하고 평화를 보장하기 위해 협력하겠다고 약속했습니다. 경제협력 확대와 역사·언어·교육·과학기술·문화예술·체육 등 사회문화 분야에서의 교류와 협력을 강화하기로 했습니다. 선언문은 이전의 남북관계를 유지하고 적대관계가 아닌 협력관계를 더욱 발전시키겠다는 내용을 담았습니다. 첫 정상회담 때와는 달리 우리 사회의 반응은 담담했지만 남북이 적대관계가 아닌 협력관계를 이어가기로 다시 확인한 중요한 선언이었습니다.

1, 2차 남북정상회담은 남북이 공식적으로 적대관계를 끝내기로 했다는 점에서 큰 의미가 있습니다. 평화로운 공존과 통일을 위해 남북이 함께 노력하기로 약속한 것이며, 문제가 있을 때에는 서로를 공격하는 것이 아니라 대화로 해결하겠다는 의지였습니다. 남북정상회담의 영향으로 한반도에는 평화의 기운이 이어졌습니다. 정치 차원의 교류나 경제협력뿐만 아니라 민간 차원에서도 교류가 많아졌습니다. 오랜 세월 왕래하지 못해서 불거졌던 서로에 대한 오해가 조금씩 풀렸습니다.

다시 시작된 남북대화

이명박 정권과 박근혜 정권에서는 남북정상회담이 한 번도 없었습니다. 두 정권은 북한의 핵실험에 강경하게 대응하기로 했고, 시간이 지나면서 모든 대화 통로가 닫혀버렸습니다. 문제가 있으면 대화를 해야 해결할 수 있는데 그러지 않았습니다. 남북관계는 적대관계로 돌아섰고 한반도는 불안한 상황이 됐습니다.

남북정상회담은 2018년에 다시 이루어졌습니다. 2018년에는 정상회담이 세 번 이루어졌습니다. 1차 남북정상회담은 4월 27일 판문점 남쪽 지역에서 문재인 대통령과 김정은 국무위원장이 만나 악수를 하고 포옹하면서 시작됐습니다. 서로 손을 잡고 군사분계선을 넘어 북쪽으로 몇 걸음 갔다 오기도 했습니다. 10년 6개월 만에 이루어진 남북 정상의 만남은 전 세계로 생중계됐습니다. 북한 핵무기 개발에 불안해하던 상황에서 이루어진 남북정상회담에 세계의 관심이 쏠렸습니다. 남북이 대화를 통해 한반도 핵무기 문제를 해결하겠다는 의지를 보여주었기 때문입니다. 하루 동안의 회담이었지만 남북 정상은 '한반도의 평화와 번영, 통일을 위한 판문점선언'을 발표했습니다.

'판문점선언'에서 남북 정상은 민족의 화해와 평화, 번영을 위해 남북관계를 개선하고 발전시켜나가기로 했습니다. 이전의 남북 합의들을 실행하고 정부와 민간 사이 교류와 협력을 보장하기 위해 '남북공동연락사무소'를 북한 개성 지역에 설치하기로 했습니다. 이산가족과 친척 상봉, 철도와 도로의 연결도 합의했습니다. 군사적 긴장 완화, 전쟁 위험 해소, 군사적 적대행위 전면 중지 등도 합의했습니다. 특히 정전상태를 끝내고 평화체제를 이루기 위해 정전협정을 평화협정으로 바꾸기로 했습니다. 한반도 평화를 방해하는 근본 문제를 해결하기로 한 것입니다. 아울러 "핵 없는 한반도"를 이루는 것을 남북 공동 목표로 확인했고 이를 위해 국제사회와도 적극적으로 협력하기로 했습니다. 북한 핵무기를 없애기 위해 남북이 함께 노력하기로 합의한 것입니다. 전 세계에서도 '판문점선언'을 환영했습니다.

남북정상회담에 대한 우리 사회의 관심은 아주 높았습니다. 북한에 대한 적대적인 감정은 평창 동계올림픽 때부터 녹기 시작하다가 정상회담으로 많이 완화되었습니다. 북한이 점심으로 준비한 평양냉면 소식을 듣고 같은 날 많은 사람이 점심 메뉴로 평양냉면을 선택했습니다. 우리 국민이 남북정상회담을 이렇게 환영한 이유는 남북 사이 정치적, 군사적 긴장과 비난이 사라지면 우리 삶도 안전해지기 때문입니다. 2017년과 같은 전쟁 위험이 사라질 테니까요. 한반도가 곧 평화로워질 것이라는 희망이 사회 전체에 넘쳤습니다. 오랜만에 열린 정상회담은 남북대화와 우리 삶의 밀접한 관계를 다시 확인해주었습니다.

2018년 5월 26일 남북 정상은 판문점 북쪽 지역에서 두 시간 정도 짧은 회담을 했습니다. 2차 남북정상회담은 김정은 위원장의 제안을 문재인 대통령이 즉시 받아들이면서 사전 계획 없이 이루어졌습니다. 미국의 갑작스러운 북미정상회담 취소를 상의하기 위해서였습니다. 5월 24일 미국은 6월 12일로 예정돼 있던 북미정상회담을 취소한다고 발표했습니다. 3주도 남지 않은 정상회담을 취소하는 것은 외교 역사에서 드문 일입니다. 북한과 미국이 회담을 계획하면서 힘겨루기를 하고 적대적인 말을 주고받다가 벌어진 일이었습니다.

남북 정상은 머리를 맞대고 논의했습니다. '판문점선언'에서 "민족의 중대사를 수시로 진지하게 논의"하기로 한 약속에 따른 것이었습니다. 두 정상은 남북의 평화와 번영을 위해 협력할 것을 다시 확인했고, 그러기 위해서도 북미정상회담이 성공적으로 열려야 한다고 했습니다. 남북 정상이 만나서 한반도 비핵화와 평화를 위한 의지를 다시 확인했다는 소식을 전해 들은 미국은 태도를 바꿨습니다. 북미회담은 예정대로 열렸습니다. 미국의 회담 취소로 혼란에 빠졌던 국민은 크게 안도했습니다. 1차 남북정상회담은 북미정상회담의 성사에 기여했고, 2차 남북정상회담은 위기에 빠졌던 북미정상회담을 구했습니다.

3차 남북정상회담은 9월 18~20일 평양에서 이루어졌습니다. 2017년까지 남북정상회담이 고작 두 번 이루어졌는데 2018년 한 해에만 무려 세 번이나 이루어졌습니다. 이 같은 상황은 남북이 한반도 평화를 간절히 바라고 있음을 보여줍니다. 3차 정상회담의 표어는 '평화, 새로운 미래'였습니다. 200명이 정상회담에 동행했습니다. 공식 수행원 이외에 52명의 특별수행원에는 정당 대표와 지방자치단체장, 경제계·학계·노동계·종교계·시민사회·문화예술계를 대표하는 사람들이 포함됐습니다. 젊은 세대를 대표해 통일부 대학생기자단 기자 한 명도 함께했습니다. 이는 지난 10년 동안 중단됐던 남북관계를 회복하고 앞으로 다양한 분야에서 교류를 확대하겠다는 남북의 의지를 보여준 것이었습니다.

3차 정상회담에서는 '9월 평양공동선언'이 발표됐습니다. 이 선언에서 남북 정상은 '판문점선언'을 철저히 실행하겠다고 약속했습니다. 남북 교류와 협력을 증대하고 민족경제를 균형적으로 발전시키기 위한 대책을 마련하기로 했습니다. 남북을 연결하는 철도와 도로를 건설하기로 하고, 중단된 개성공단과 금강산관광도 정상화하기로 했습니다. 이산가족 문제 해결을 위해 인도적 협력을 강화하고 문화예술, 체육 등 다양한 분야에서 교류를 확대하기로 했습니다. 가장 중요한 한반도 비핵화와 관련해서는 계속 협력하기로 했고, 미국이 북한의 비핵화 의지에 응답하면 동창리 미사일 발사대와 영변 핵시설을 영구적으로 폐기하기로 약속했습니다. 이는 미국과 선 세계가 촉각을 곤두세우는, 그리고 한반도 평화를 이루는 데 반드시 필요한 비핵화를 위해 남북이 함께 노력하겠다는 의미입니다. 마지막으로 김정은 위원장은 문재인 대통령의 초청을 받아들여 "가까운 시일 내에 서울을 방문하기로" 했습니다.

3차 남북정상회담에서 인상 깊은 두 장면이 있었습니다. 하나는 문재인 대통령이 평양 능라도에 있는 5·1경기장에서 15만 명의 북한 주민에게 연설한 장면입니다. 북한 주민들은 처음으로 남한 대통령의 목소리를 직접 들었습니다. 북한은 연설 원고를 미리 점검하지도 않았고 문재인 대통령과 연설 내용을 조율하지도 않았습니다.

독재국가인 북한에서는 상상하기 힘든 일이었습니다. 남북 정상이 짧은 기간이었지만 좋은 신뢰관계를 이루었기에 가능했습니다. 연설에서 문재인 대통령은 "우리 두 정상은 한반도에서 더 이상 전쟁은 없을 것이며 새로운 평화의 시대가 열렸음을 8,000만 우리 겨레와 전 세계에 엄숙히 천명"한다고 말했습니다. 또 "아름다운 우리 강산을 핵무기와 핵위협이 없는 평화의 터전으로 만들어 후손에게 물려주자고 확약"했다고 밝혔습니다. 평양 시민들은 모두 일어나 우렁차게 박수를 보냈습니다. 누구도 상상하지 못했던 일이었습니다. 다른 하나는 남북 정상이 백두산 천지에 올라 함께 기념사진을 찍은 장면입니다. 우리 민족에게 큰 의미가 있는 백두산에 남북 정상이 함께 오르고 사진을 찍는 모습을 보면서 평화로운 한반도의 모습을 상상했고, 반드시 평화가 이루어져야 한다고 생각했습니다.

특히 3차 회담에서는 우리 국방부장관과 북한 인민무력상이 남북군사합의서에 서명했습니다. 합의서에서 남북은 지상, 해상, 공중의 모든 공간에서 상대방에 대한 적대적 행동을 일체 중지하기로 했습니다. 구체적으로 2018년 11월 1일부터 군사분계선 일대에서 군사연습을 중지하고 군사분계선 상공을 비행금지구역으로 정하기로 했습니다. 또 우발적으로 충돌이 일어나지 않도록 남북 사이 연락체계를 세우고, 비상상황이 발생하더라도 서로서로 연락해서 평화적으로 해결하기로 했습니다. 판문점 공동경비구역을 무기 없이 근무

3차 남북정상회담 마지막 날인 2018년 9월 20일 남북 정상 부부가 백두산 천지에 올라 함께 찍은 기념사진. ⓒ 연합뉴스

하는 비무장지역으로 만들고, 서해의 북방한계선 일대를 평화수역으로 삼기로 했습니다. 군사합의서는 남북 정상이 정전상태를 끝내고 평화로운 한반도를 이루기 위해 합의한 것들을 실행하는 내용을 담았습니다.

2018년 남북대화가 다시 시작되면서 많은 변화가 일어났습니다. 세 번의 남북정상회담에서 합의한 내용 중 많은 부분이 실천에 옮겨졌습니다. 개성에 남북공동연락사무소가 설치돼 남한과 북한 직원들이 함께 근무를 시작했습니다. 8월에는 거의 3년 만에 이산가족 상봉이 이루어졌습니다. 12월 26일 남북 철도와 도로를 연결하는 착공식이 열렸습니다. 무엇보다 군사 분야에서 가장 큰 성과가 있었습니다. 평화를 이루는 데에는 뭐니 뭐니 해도 군사적 적대관계를 중단하는 것이 맨 먼저 할 일이니까요. 남북 군인들이 서로를 비방하던 대형 확성기는 5월 1일 모두 철거돼 역사 속으로 사라졌습니다. 8월에는 남북 사이 군사 통신선이 모두 복구돼 우발적인 충돌을 방지할 수 있게 됐습니다. 약속한 대로 11월 1일부터 군사분계선 부근에서 모든 적대행위를 중단했습니다. 상대를 향해 있던 포문을 모두 닫았고 남북 군의 비행금지구역이 설정됐습니다. 비무장지대에 있는 감시초소 중 상징적으로 남한의 11개, 북한의 11개가 철거됐고 서로 확인했습니다. 상호 검증을 위해 만난 남한과 북한의 군인들이 악수하는 장면은 인상적이었습니다. 양측 군인들은 총을 들었지만 누구도 위협을 느끼지 않았습니다.

　남북 정상의 여러 합의와 군사합의 덕분에 우리 삶은 한결 안전해졌습니다. 전쟁 위험이 사라져 세상 편하게 잘 수 있게 됐습니다. 휴전선에서 근무하는 군인들도, 군대에 가족이나 친구를 보낸 사람들도, 비무장지대 근처에 사는 농민과 어부들도 모두 평화롭게 지낼 수 있게 됐습니다. 남북관계가 경제에 미치는 부정적인 영향도 사라졌습니다. 오히려 남북 경제협력에 대한 기대가 커졌습니다. 하나같이 남북관계가 우리 삶에 직접적인 영향을 미친다는 사실을 잘 말해줍니다. 그러니 우리에게는 선택의 여지가 없는 것으로 보입니다. 우리가 편안하고 안전하게 살기 위해서는 어떤 선택을 해야 할까요?

남남갈등은 왜 계속될까

　대다수가 남북대화를 지지했습니다. 2018년 3차 남북정상회담이 이루어진 후 실시된 여론조사를 보면 알 수 있습니다. KBS가 실시한 여론조사에서는 39.2%가 "매우 잘했다", 44.2%가 "잘했다"고 평가했습니다. 긍정적인 평가가 83.4%나 됩니다. SBS 여론조사에서도 42.5%가 "매우 성과 있었다", 36.0%가 "다소 성과 있었다"고 답해 긍정적 평가가 78.5%였습니다. MBC 여론조사에서는 긍정적 평가가 82.4%를 기록했습니다. 이는 우리 사회가 오랫동안 남북대화를 기다렸음을 보여줍니다. 물론 부정적으로 평가한 사람들도 있습니다. KBS 여론조사에서는 12.3%가, SBS 여론조사에서는 16.1%가, MBC 여론조사에서는 13.3%가 "못했다"거나 "성과가 없었다"고 평가했습니다. 남북대화를 지지하지 않고 정상회담의 성과를 부정적으로 평가하는 사람들이 있는 것은 자연스러운 일입니다. 우리는 민주주의 사회이니까요. 반대하는 사람이 적다고 해서 그냥 넘길 수는 없습니다. 그들의 반대는 한국전쟁 이후 우리 사회가 줄곧 겪어온 문제를 말해줍니다.

'남남갈등'이라는 말이 있습니다. 인터넷에서는 "남한 내부에서 일어나는 이념적 갈등"이라고 설명합니다. 이 말이 처음 등장한 것은 1997년 8월 2일 한 신문기사였다고 합니다. 그 후 김대중 대통령이 햇볕정책을 펼치면서 북한과 대화를 하고 교류와 경제협력을 넓혀가자 더 많은 기사와 사람들 입에 오르내렸습니다. 왜 이념적 갈등이라고 할까요? 그것은 북한에 대한 서로 다른 생각과 믿음을 둘러싸고 벌어진 갈등이기 때문입니다. 서로 다른 생각은 정부의 대북정책에 대한 찬성과 반대로 나타납니다. 북한 문제에 대한 대응에서도 서로 다른 방식을 주장합니다. 한 사회에 다른 의견이 존재하는 것은 당연한 일이지만 유독 북한과 관련해서는 각자의 신념과 주장이 너무 강해서 서로 다투는 경우가 많습니다. 그래서 남남갈등이란 말까지 등장한 것입니다.

북한을 대하는 서로 다른 생각은 한반도가 남북으로 갈라지면서 불거졌고 한국전쟁 이후 굳어졌습니다. 서로 다른 생각이 충돌하면서 남남갈등이 심각해진 것은 정부가 북한과 대화를 시작하면서부터였습니다. 김대중 정권이 햇볕정책으로 북한과 새로운 관계를 맺기로 결정하자 그에 대한 찬성과 반대 입장이 충돌했습니다. 이전에도 북한과 교류가 있었습니다. 특히 1995년 북한이 대홍수를 겪고 난 후에는 정부와 여러 단체가 북한에 식량을 지원하기도 했습니다. 그러나 정부가 정식으로 북한과 관계를 개선하고 대화를 하는 것은 다른 문제였습니다. 반대하는 사람들은 믿을 수 없는 북한과 대화하는 것도, 협력관계를 맺는 것도 싫다고 했습니다. 더군다나 북한이 핵무기를 개발한다고 나섰으니 미움과 불신이 더 커졌던 것이지요. 찬성하는 사람들은 북한도 우리 민족이며 한반도 평화를 위해서는 북한과 관계를 맺고 대화를 이어가야 한다고 했습니다. 북한을 믿어서가 아니라 우리 안전과 평화를 위한 선택이라고 했습니다. 이렇게 서로 다른 생각과 주장은 남북이 대화를 하고 관계를 개선하려고 할 때, 북한에 지원을 하고 경제협력을 하려고 할 때, 북한이 핵무기 실험을 하고 우리 정부가 대응 방법을 고심할 때마다 부딪쳤고 남남갈등은 심각해졌습니다. 남남갈등은 지금도 여전합니다.

그런데 자기 이익을 위해 남남갈등을 부추기고 이용하는 사람들

이 있습니다. 2018년 8월 정부가 북한에 쌀을 보내서 쌀값이 올랐다
는 가짜뉴스가 퍼졌습니다. 유튜브 방송을 하는 일부가 쌀값이 오르
고 남북정상회담으로 남북관계가 좋아지자 두 가지를 연결해 가짜
뉴스를 만든 것입니다. 그들은 "정부 비축미가 소리 소문도 없이 사
라졌다", "북한에 쌀을 퍼주었다", "석탄과 맞교환했다"고 했습니다.
정부는 2010년 이후 쌀을 지원한 적이 없고 항구에서 쌀을 선적한
적도 없었습니다. 쌀값이 오른 것은 그동안 너무 낮아졌던 가격이 회
복됐기 때문이었습니다.

정부가 북한에 보낸 귤에 대해서도 어김없이 가짜뉴스가 퍼졌
습니다. 2018년 3차 남북정상회담 직후 북한은 청와대에 자연산 송
이버섯 2톤을 선물로 보냈습니다. 청와대는 답례로 제주산 귤 200톤
을 북한에 보냈습니다. 국제외교에서 정상 사이 흔히 있는 선물교환
같은 것이었습니다. 송이버섯은 이산가족 중 아직 가족을 만나지 못
한 노인들에게 추석 선물로 주었습니다. 그런데 유튜브 방송에서 귤
을 보낸 것이 유엔의 북한 제재 위반이며, 너무 많은 귤을 보내는 바
람에 귤값이 폭등할 수 있다는 내용이 퍼졌습니다. 선물은 제재와는
상관이 없었고, 200톤이 많은 것 같지만 귤 생산량의 0.04%에 불과
했습니다. 귤 소비가 늘어 귤값이 전년보다 조금 오른 것과는 상관이
없었습니다. 훈훈한 이야기를 말도 안 되는 가짜뉴스로 만들어 퍼뜨
렸던 겁니다.

남북관계와 북한에 대해 가짜뉴스를 만드는 사람들은 남한과 북한의 관계가 좋아지는 것을 원치 않는 사람들입니다. 그들이 가짜뉴스를 만드는 데에는 두 가지 이유가 있습니다. 하나는 북한을 너무 증오해서 북한과 관계가 좋아지는 것도, 대화를 하는 것도 원치 않기 때문입니다. 그들은 한반도 평화와 우리의 평화로운 삶을 방해합니다. 다른 하나는 가짜뉴스로 돈을 벌 수 있기 때문입니다. 가짜뉴스는 모두 문제가 있지만 특히 한반도의 안전과 평화를 해치는 가짜뉴스를 만드는 일은 질이 나쁘다고밖에 할 수 없습니다. 더 큰 문제는 이런 가짜뉴스가 남남갈등을 악화시키고 남북관계와 북한에 대한 진지한 문제제기와 토론을 방해한다는 것입니다.

무엇보다 최악은 정치인들이 남남갈등을 부추기고 이용하는 것입니다. 일부 국회의원은 북한에 보낸 귤과 관련된 가짜뉴스를 정부를 비판하고 남북대화를 흠집내는 데 이용했습니다. 개인의 정치적 이익에 눈이 멀어서 북한을 향한 증오심을 이용하려고 했습니다. 의도적으로 남남갈등을 부추겼습니다. 이런 국회의원들은 자기가 속한 정당이 정권을 잡았을 때는 정부의 대북정책을 무조건 지지했습니다. 그러다가 정권이 바뀌고 다른 대북정책이 나오자 무조건 반대하는 겁니다. 국회의원이라면 정부 정책을 냉정하게 평가하고 문제가 있다면 합리적으로 지적해야 합니다. 그런데 가짜뉴스까지 이용해 무조건 반대하는 것은 이해할 수 없는 일이었습니다. 남북대화가 잘돼서 한반도 비핵화와 평화가 이루어지기를 바라는 대다수 국민의 마음을 외면한 행동이었습니다.

남북관계가 우리 삶에 미치는 영향을 보여주는 또 다른 예는 선거철마다 반복되는 이념 논쟁과 남남갈등입니다. 정치인들은 표를 얻기 위해 북한에 대한 반감을 이용합니다. 남북관계 개선을 반대하고 북한과 대화하면 금방이라도 우리 사회가 무너질 것처럼 공포감을 부추기기도 합니다. 물론 남북관계 개선이나 대화를 반대하고 부정적으로 볼 수 있습니다. 그러나 사실이 아닌 것을 과장해 대중을 현혹하는 일은 잘못입니다. 그런 정치인들은 1960년대부터 독재정권이 이용했던 반공 이념을 지금도 이용합니다. 선거철에 이념 논쟁을 벌이고 남남갈등이 불거지면 우리 삶에 정말 필요한 문제들을 제대로 검증할 수 없습니다. 대통령, 국회의원, 지방자치단체장 등을 선거로 뽑는 이유는 우리 삶에 직접 영향을 미치는 정치, 경제, 복지, 교육, 일자리 문제 등을 잘 해결하고 사회를 발전시켜나갈 만한 사람을 선택하기 위해서입니다. 그런데 이념 문제와 남남갈등이 선거운동을 지배하면 삶에서 중요한 문제들을 따져볼 겨를이 없습니다. 남북관계, 한반도 평화, 통일문제도 냉정하게 토론할 수 없습니다. 그러다 보면 제대로 된 선택을 하지 못하는 사람들도 생겨나기 마련입니다. 우리 역사에서 이런 일이 수도 없이 반복됐고 지금도 마찬가지입니다.

우리 삶을 흔드는 남북관계

　남북대화가 중요한 이유는 남북관계가 여러 면에서 우리 일상에 직접적인 영향을 미치기 때문입니다. 남북관계가 미치는 부정적인 영향을 줄이려고 남북대화를 합니다. 다른 나라처럼 정치인은 열심히 정치를 하고, 국민은 각자 자기 삶을 열심히 사는 평범한 민주주의 사회를 이루려고 남북대화를 하는 거지요. 북한을 미워한 나머지 대화를 반대하거나 의심하는 사람이 있습니다. 그렇지만 남북관계가 우리 삶에 미치는 영향을 생각하면 대화를 할 수밖에 없습니다. 또 나라 사이의 관계에서는 감정이 좋지 않아도 대화를 하는 것이 상식입니다. 우리가 일본, 중국, 미국 등과 안 좋은 감정이 생겼을 때도 문제를 해결하기 위해 대화를 하는 것과 같은 이치입니다.

　북한은 다르다고 말하는 사람이 있습니다. 북한이 한국전쟁을 일으켰고, 한국전쟁 이후에도 군사적으로 위협을 일삼았으며, 이제는 핵무기까지 개발해서 협박한다고 말합니다. 그렇지만 문제가 클수록 대화가 더 필요합니다. 미국이 북한과 대화를 시작한 것도 그런 이유 때문입니다. 무엇보다 북한은 우리 이웃입니다. 남한과 북한 사이에 휴전선과 비무장지대가 있지만 고작해야 4킬로미터밖에 안 됩니다. 이웃과 잘 지내야 예상치 못한 문제가 생겼을 때 함께 해결할 수 있습니다. 국경을 넘어 질병이 확산되는 것을 방지하고 산림의 병

충해, 산불이나 홍수 예방 등을 위해서도 남북 협력이 필요합니다. 지구온난화와 기후변화의 시대에는 더욱 중요합니다. 북한의 경제 발전이 지구온난화와 기후변화를 악화시키지 않는 방향으로 나아가야 우리에게도 이익이 됩니다. 미세먼지를 줄이기 위해서도 북한의 협력이 필요합니다. 비무장지대의 자연생태계를 보호하고 복원하는 일은 반드시 북한과 함께해야 합니다. 당장 통일을 얘기하지 않더라도 북한과 좋은 관계를 맺어야 하는 이유는 차고 넘칩니다.

남북관계는 안전이나 평화로운 삶뿐만 아니라 우리가 먹고사는 일과도 직접 관련돼 있습니다. 이를 잘 보여주는 사례가 바로 금강산 관광과 개성공단입니다.

금강산관광은 1998년 11월 18일 시작됐습니다. 1989년 현대그룹이 북한과 금강산 개발사업을 합의하면서 계획을 세웠지만 1990년대 북한이 핵무기를 개발하자 남북관계가 나빠지는 바람에 성과가 없었습니다. 그러다 1998년 김대중 정부가 남북관계를 개선하고 새로운 대북정책을 세우면서 시작됐습니다. 한반도에서 가장 아름답다는 금강산을 볼 수 있다는 사실에 사람들은 설레었습니다. 많은 개인과 단체가 금강산관광에 나섰습니다. 처음엔 동해항에서 유람선을 타고 북한 장전항으로 가서 금강산에 오르는 관광이었습니다. 남북 경제협력을 강화하고 외화 수입을 확대하기 위해 2002년 10월 북한은 금강산 일대를 금강산관광지구로 지정했습니다. 2003년 2월부터 육로로 가는 관광이 시작됐고 2007년 내금강까지 관광지역이 확대됐습니다. 그뿐만 아니라 2007년 12월 5일에는 개성관광도 시작됐습니다. 금강산관광이 중단될 때까지 196만 명 이상이 금강산을 찾았습니다. 금강산은 이산가족 상봉 장소로도 이용됐습니다. 또 체육, 예술, 종교 교류 등이 금강산에서 이루어졌습니다. 금강산관광이 단순히 관광사업이 아니라 남북 사이 관계를 개선하고 민간인의 교류를 활성화하는 데 크게 기여했던 것입니다.

2008년 7월 11일 남한 관광객 한 명이 북한군 총에 맞아 사망한 후 금강산관광은 중단됐습니다. 사망한 관광객은 새벽에 군사지역에서 가까운 해변을 산책하다 총에 맞았습니다. 군사지역인지 민간인 지역인지 구분하기 어려운 상황에서 벌어진 사고였습니다. 군사지역에 가까운 곳을 관광지로 개방했으면 관광객 안전을 보장해야 하는데 그렇게 하지 못한 북한 책임이 큽니다. 관광객의 안전을 책임지지 못한 점에서는 관광회사에도 책임이 있습니다. 사고 조사는 남한과 북한의 의견 충돌로 이루어지지 못했습니다. 서로 다른 주장을 하면서 감정의 골만 깊어졌습니다. 결국 금강산관광은 우리 정부의 결정으로 중단됐고 2019년 8월 현재까지 재개되지 않았습니다.

금강산관광은 남북 모두에 경제적으로도 좋은 사업이었습니다. 북한은 외화를 벌어들였고, 남한 기업은 수익을 올리고 많은 일자리를 만들었습니다. 특히 관광객이 출발하는 강원도 고성은 경제적으로 큰 효과를 봤습니다. 그런 만큼 관광이 중단되면서 타격도 컸습니다. 관광이 중단된 10년 동안 발생한 피해액은 4,000억 원가량입니다. 휴업하거나 폐업한 가게도 400곳이 넘습니다. 금강산관광과 관련된 사업에 투자한 기업들은 3,300억 원이 넘는 피해를 입었습니다. 고성 주민들과 기업들은 지금까지 희망을 버리지 않고 금강산관광이 재개되기를 바랍니다.

개성공단은 어느 날 갑자기 정부가 폐쇄했고 많은 사람이 피해를 입었다는 점에서 금강산관광과 비슷합니다. 개성공단 사업은 2000년 6월 1차 남북정상회담 결과로 이루어진 남북 경제협력사업입니다. 북한이 토지와 노동력을 제공하고, 남한이 자본을 공급하는 공동사업이었습니다. 몇 년의 준비 기간을 거쳐 2003년 6월 착공식을 하고 2004년 15개 기업이 입주하면서 본격적으로 가동을 시작했습니다. 그해 12월 첫 제품으로 개성 냄비가 출시됐습니다. 시간이 지날수록 개성공단의 생산량이 늘었고 남북 무역거래에서 중요한 위치를 차지했습니다. 개성공단에서는 북한 노동자 5만 4,800명과 남측 관계자 800명이 근무했습니다. 이들은 함께 생활하고 일하는 경제공동체이자 생활공동체를 이루었습니다. 서로 적응하느라 힘들었지만 시간이 지나면서 서로를 알게 되고 이런저런 얘기를 나누는 사이가 됐습니다.

개성공단은 우리에게도 북한에게도 이익이 되는 사업이었습니

2006년 10월 개성공단의 한 의류업체에서 일하는 북한 측 여성 노동자들의 모습. ©연합뉴스

다. 경제 외의 의미도 컸습니다. 우리에게는 북한의 업무방식과 생활방식을 배우는 곳이었고, 북한에게는 시장경제와 남한의 사업방식 및 생활방식을 배우는 곳이었습니다. 무엇보다 남북 민간인들이 서로 교류하고 이해하며 끈끈한 관계를 맺던 곳이었습니다. 그런데 2016년 2월 10일 박근혜 정부가 갑자기 개성공단을 폐쇄했습니다. 북한의 4차 핵실험과 장거리미사일 발사에 대한 대응이었습니다. 개성공단에 입주한 업체들과 사전에 협의 한번 하지 않았고 미리 귀띔해주지도 않았습니다. 물론 북한에게도 알리지 않은 일방적인 결정이었습니다. 그러자 북한은 남측 인원을 모두 추방하고 생산설비, 생산품, 부자재 등을 모두 몰수한다고 선언했습니다. 하루아침에 날벼락을 맞은 입주업체들은 최소한의 물품만 자동차에 싣고 부랴부랴 개성공단을 빠져나왔습니다. 이때 두고 오는 바람에 피해를 본 물품 액수는 2조 원이 넘었습니다.

정부가 개성공단 폐쇄의 명분으로 삼은 것은 개성공단 수입이 북한 핵무기 개발에 쓰인다는 것이었습니다. 그러나 그럴 가능성은 거의 없었습니다. 폐쇄 직전 북한 노동자의 기본임금은 월 73.87달러였습니다. 연장근로, 야간근로, 사회보험료 등을 모두 합해도 많아야 월 190달러, 우리 돈으로 20만 원이 조금 넘었습니다. 세계 어느 곳과 비교해도 임금이 낮았습니다. 이 임금은 북한 당국이 대신 받았고 사회보장비 15%, 문화시책비 15%를 뺀 70%는 노동자들에게 생활물품을 공급하는 데 사용됐습니다. 노동자들은 돈 대신 물건과 바꿀 수 있는 물표를 받았습니다. 북한은 물자가 부족해 노동자들에게 공급할 물품을 해외에서 사와야 했는데 사실 노동자 임금이 낮아서 어려움을 겪었다고 합니다. 해외 회사가 돈이 너무 적어 물건을 공급하기 힘들다면서 그만두기도 했답니다. 핵무기 개발에 개성공단 수입이 쓰인다는 의심은 북한 노동자들에게 직접 임금을 지불하면 해결되는 일이었습니다. 그렇지만 북한에서는 그것이 불가능했습니다. 임금은 달러로 지불됐는데 북한에는 달러를 바꿀 은행이 없었습니다. 노동자들이 달러로 임금을 받아 암시장에서 북한 화폐로 바꾸면 엄청난 이익을 보겠지만 그것은 불법인 데다 북한의 통화체계를 뒤흔드는 일이기 때문에 애초에 허락되지 않았습니다. 북한 당국은 상황이 더 좋아지면 임금을 직접 지불하도록 노력하겠다는 답변만 계속했다고 합니다.* 개성공단 폐쇄 직후에 통일부장관도 노동자 임금이 핵개발에 쓰인다는 증거를 찾지 못했다고 말했습니다.

개성공단은 남북 경제협력의 상징이었습니다. 남북 정부 사이 대화가 끊긴 상황에서 유일하게 남아 있던 연결고리이기도 했습니다. 그러나 박근혜 정부는 아무런 대책도 없이 큰 의미가 있고 남북 관계에서 중요한 개성공단을 일방적으로 폐쇄했습니다. 그동안 정부가 직접 개성공단 임금이 핵개발에 쓰이지 않는다는 보고서를 유

---

* 이종태, 『햇볕 장마당 법치』, 개마고원, 2017, 162~167쪽.

엔에 제출해왔으면서도 모순되는 결정을 내린 것입니다. 정부가 가장 잘못한 일 중 하나였습니다.

정부는 북한에 손해를 입히려고 개성공단을 폐쇄했습니다. 물론 5만 명이 넘는 북한 노동자는 하루아침에 일자리를 잃었습니다. 그런데 북한만 손해를 본 것이 아니었습니다. 오히려 우리 기업이 더 많은 손해를 봤습니다. 남북경협보험에 가입된 기업은 124개 가운데 76개밖에 되지 않아서 나머지 기업은 보상받을 길이 전혀 없었습니다. 더군다나 물품을 가져오지 못했기 때문에 물건을 팔아 돈을 마련할 수도 없었습니다. 결국 파산한 기업들이 속출했습니다. 입주 기업들은 2019년 8월 현재도 개성공단 재개를 요구하며 희망을 가지고 기다립니다.

'평화 아닌 평화'를 얘기하는 이유

누구나 한반도에서 평화롭게 살고 싶고 평화가 필요하다고 말합니다. 이는 남북 사이의 평화를 원한다는 의미입니다. 그런데 사람들이 말하는 남북 사이의 평화는 모호하거나 심지어 '평화 아닌 평화'도 있습니다. 평화를 잘 모르거나, 그동안 우리 사회에서 얘기됐던 잘못된 평화를 평화로 오해하거나, 정치인들이 자기 이익을 위해 말하는 평화를 평화로 생각하거나, 여러 가지 이유가 있을 수 있습니다. 그래서 우리가 말하는 평화가 어떤 평화인지 따져볼 필요가 있습니다.

우리 사회는 남북 사이의 평화를 이루는 방법으로 크게 두 가지를 얘기해왔습니다. 하나는 남북이 서로에게 총부리를 겨누고 험한 말을 주고받아도 휴전선 부근에서 무력 충돌이 일어나지 않게 하여 평화를 이루는 방법이었습니다. 그래서 정치인도 국민도 북한이 우리를 공격하지 못하게 막는 것에 집중했습니다. 강력한 군대와 첨단 무기로 북한을 감시하고 무력 충돌을 막는 데 힘을 쏟았습니다. 이는 남북이 서로를 적으로 여기는 관계를 바꾸기 위해 노력하는 방법이 아니었습니다. 다른 하나는 남북이 서로를 적으로 여기는 관계를 완전히 바꾸고 새로운 남북관계를 형성하여 평화를 이루는 방법이었습니다. 그래서 정부는 남북대화를 하고 여러 차례 북한과 합의문을 썼습니다. 경제협력을 하고 체육, 예술, 학문, 종교 등 여러 분야에서 교류했습니다. 북한을 이해할 수 있도록 교육하는 일도 했습니다.

첫 번째 방법은 나쁘지 않은 생각이었지만 무력 충돌을 막지는 못했습니다. 오히려 무력으로 서로를 제압하려다 보니 군사적 긴장이 높아졌습니다. 서로를 적으로 여기는 상황에서 평화를 얘기하는 것은 불가능했습니다. 말로는 평화를 얘기하지만 실제로는 평화를 위한 방법이 아니었습니다. 한마디로 '평화 아닌 평화'를 얘기했던 겁니다. 두 번째 방법은 훨씬 바람직하지만 여기에도 문제가 있었습니다. 남북이 서로를 적으로 여기지 않고 소통과 교류를 통해 좋은 관계를 맺으려고 노력했지만 근본적인 문제는 해결하지 못했기 때문입니다. 무력 대결의 근본 원인인 정전협정을 평화협정으로 바꾸지 못했던 것입니다. 서로를 군사적으로 위협하고 제압하려는 무력 강화도 멈추지 않았습니다. 첫 번째 방법보다는 훨씬 낫지만 여전히 '평화 아닌 평화'를 포함하고 있었습니다.

우리에게 남북관계는 운명입니다. 남북관계를 무시하고 살 수 없기 때문입니다. 이는 '상호의존성'이란 말로 설명할 수 있습니다. 남한과 북한이 한반도에서 서로 의지하며 존재한다는 얘기입니다. 북한의 선택과 행동에 따라 우리 안전과 평화가 달라지고, 마찬가지로 남한의 선택과 행동에 따라 북한의 안전과 평화가 달라집니다. 상호의존적인 관계에서 세계의 국가나 개인이 대체로 선택하는 방법은 서로 소통하고 대화하는 것입니다. 문제가 불거지더라도 싸우는 것은 최후의 선택으로 밀어놓고 최선을 다해 대화하고 노력하는 것입니다. 우리 선택도 같을 수밖에 없습니다. 한반도에 공존하는 남한과 북한, 한반도에 사는 우리는 각자의 안전과 평화를 위해 상대와 대화하고 좋은 관계를 이루기 위해 노력해야 하는 운명이기 때문입니다.

그렇다면 왜 '평화 아닌 평화'를 얘기하면서 그것이 평화라고 생각할까요? 가장 큰 이유는 북한을 좋아하지 않기 때문입니다. 신뢰하지도 않습니다. 북한과 좋은 이웃이 될 생각도 없습니다. 그래서 북한과는 진짜 평화를 얘기하고 싶지 않은 것입니다. 그동안 북한이 여러 가지 잘못을 했으니 이해할 수 있습니다. 그런데 좋아하지 않고 신뢰할 수 없다고 '평화 아닌 평화'를 평화처럼 얘기하고 착각하면서 사는 것은 결국 우리 삶을 망치는 일입니다. 미래 세대 또한 우리처럼 살라고 강요하는 일입니다. '평화 아닌 평화'를 얘기하는 사람 중에는 자신의 이익을 위해 '평화'를 악용하는 사람들도 있습니다. 그들은 평화적 통일이 아니라 북한을 없애는 통일을 얘기합니다. 이것은 평화가 아닙니다. 자신의 이익을 위해서 방해되는 존재를 없애겠다는 말이니까요. 그런데 이런 주장을 하면서 '평화'를 얘기하는 사람이 우리 사회에는 여전히 많습니다.

평화는 모두를 위한 것이어야 합니다. 한반도 평화를 위해 남북 사이 평화를 얘기한다면 우리에게도 북한에게도, 거기 사는 사람들에게도 좋은 것이어야 합니다. 무엇이 모두를 위한 평화가 되는지 정확히 알 수는 없습니다. 그것은 남북이 대화를 하고 신뢰를 쌓은 후 솔직하게 얘기를 나누는 관계가 돼야 알 수 있습니다. 그러니 남북관계를 개선하고 대화를 계속할 수밖에 없습니다. 한반도에서 안전하고 평화롭게 사는 길을 선택한다면 말입니다.

**함께 생각하고
토론하기**

- 남북대화가 잘됐을 때 좋았던 점은 무엇이었는지 얘기해봅시다.

- 남북대화가 잘되지 않았을 때 걱정됐던 점은 무엇이었는지 얘기해봅시다.

- 사람들이 남북대화를 찬성 또는 반대하는 이유가 무엇인지 생각하고 토론해봅시다.

- 사람들이 북한을 신뢰하거나 신뢰하지 못하는 이유가 무엇인지 토론해봅시다.

4장

무기로 얻는
평화?

국가안보 대 인간안보

2019년 4월 4일 저녁 강원도에서 대형 산불이 발생했습니다. 산불은 강풍을 따라 빠르고 무섭게 주변으로 번졌습니다. 인명 피해는 사망 2명, 부상 11명으로 많지 않았지만 다른 피해는 컸습니다. 4,600명 이상이 대피했고, 고성·속초·강릉·동해·인제에서 1,700헥타르가 넘는 산림이 불탔습니다. 주택과 각종 시설물 916곳도 불타 없어졌습니다. 전국의 소방관들과 산림청의 산불재난특수진화대가 몸을 사리지 않고 애쓴 덕분에 산불은 다행히 오래 끌지 않고 진화됐습니다.

산불 진화 직후 한 가지 뉴스가 관심을 끌었습니다. 우리나라에 산불 진화에 적합한 대형 소방헬기가 세 대밖에 없다는 사실이었습니다. 대형 소방헬기는 중소형 소방헬기보다 물을 두 배 이상 실어 나를 수 있어서 산불을 진화하는 데 큰 도움이 된다고 합니다. 강원도에서는 해마다 산불이 발생합니다. 이에 강원도소방본부는 2018년 많은 물을 나를 수 있고 25미터 강풍에도 문제없는 대형 소방헬기 구매 예산을 정부에 신청했습니다. 국회도 필요성을 인정했습니다. 그렇지만 국가 경제, 재정, 예산 등과 관련된 행정업무를 담당하는 기획재정부가 퇴짜를 놓았습니다. 산불은 주로 봄에만 나는데 한 대에 250억 원이나 하는 대형 헬기를 구매하는 것이 경제적이지 않다고 판단했던 것입니다. 대형 헬기 중에서는 저렴한 편이었는데 말입니다. 3,000리터짜리 물탱크를 달고 산악지대를 누비는 산불 진화 소방차 구매 예산도 퇴짜를 맞았습니다.

2019년 3월 29일은 공군에게 역사적인 날이었습니다. 최첨단 전투기인 F-35A 두 대가 청주 공군기지에 도착했거든요. F-35A는 스텔스 전투기로 적의 감시망을 뚫고 적진에 침투해 정밀 타격을 할 수 있는 능력이 뛰어납니다. 전쟁의 승패를 결정짓는 '하늘의 지배자'라는 별명까지 얻은 이 전투기는 미국 록히드마틴사가 만든 것으로 한 대 가격은 1억 달러^{약 1,150억 원}입니다. 2014년 3월 정부는 차세대 전투기로 F-35A를 선정하고 2021년까지 40대를 들여오기로 했습니다. 유지와 운영에 필요한 비용까지 합치면 총 7조 4,000억 원이 넘는 대규모 무기 도입 사업입니다.

국방부 홈페이지를 방문하면 "국민과 함께 평화를 만드는 강한 국방"이라는 구호를 볼 수 있습니다. 이 말은 무력 강화가 곧 평화를 보장하고, 국민이 원하는 바이며, 국민을 위하는 일이라는 의미입니다. 이 구호는 7조 4,000억 원을 들여서 최첨단 스텔스 전투기 40대를 도입하는 이유를 설명해줍니다. 외부의 공격으로부터 나라를 지키는 힘인 무력을 키우기 위해 스텔스 전투기가 필요하고 그것이 곧 평화를 위한 일이라는 말이지요. "평화를 만드는"이란 말은 고개를 갸우뚱하게 합니다. '평화를 만든다'는 것은 '싸움과 공격을 멈추게

국방부 홈페이지.

한다'는 뜻인데 이는 국가 사이의 무력 대결과 충돌 위험이 없을 때 이루어집니다. 스텔스 전투기는 방어가 아니라 교전을 위한 무기입니다. 우리 군이 보유한 다른 많은 무기도 마찬가지입니다. 물론 "강한 국방"은 공격을 위해서가 아니라 상대가 공격하지 못하도록 무력을 갖춘다는 뜻을 포함합니다. 공격을 당했을 때 즉시 반격해서 적이 더는 공격하지 못하게 무력을 갖춘다는 의미이기도 합니다. 방어와 응징에 초점을 맞춘 무력 강화는 우리 군의 기본 방침이기도 합니다. 그렇더라도 강한 군대와 무기로 평화를 이룰 수 있다는 것은 힘에 의존하는, 그래서 오히려 평화를 방해할 수 있는 생각입니다.

산불 진화에 필요한 대형 소방헬기는 한 대당 250억 원입니다.

물론 그보다 비싼 헬기도 많지만 정부에 요청했다 거절당한 것의 가격이 그렇습니다. F-35A 전투기 한 대의 가격은 약 1,150억 원입니다. 둘의 필요성을 단순하게 비교하기는 힘듭니다. 다만 다르게 질문을 해본다면, 둘 중 어느 것이 사용할 가능성이 많을까요? 둘 중 어느 것이 우리 삶을 안전하게 하는 데 도움이 될까요? 물론 이렇게 설명할 수 있습니다. 무기를 사는 이유는 꼭 사용하기 위해서가 아니라 적에게 힘을 보여주어 함부로 도발하지 말라고 경고하는 의미라고요. 뭐니 뭐니 해도 무기를 쓰지 않을수록 더 좋다고요. 그렇다면 다른 시각에서 생각해볼까요? 국가 예산은 정해져 있습니다. 기획재정부가 250억 원짜리 소방헬기를 퇴짜놓은 이유는 정해진 국가 예산에서 그것을 반드시 살 필요가 있는지 가늠해봤기 때문일 겁니다. 정해진 국가 예산에서 스텔스 전투기 40대를 도입하는 데 7조 4,000억 원을 쓰면 다른 곳에 쓸 돈은 그만큼 줄어든다는 것을 의미합니다. 정해진 국가 예산 가운데 어느 곳에 더 많은 돈을 쓰는 것이 현명한 선택일까요? 어느 것이 우리 미래를 더 안전하고 행복하게 하는 선택일까요?

250억 원짜리 대형 소방헬기와 1,150억 원짜리 스텔스 전투기는 우리가 직면한 현실을 잘 말해줍니다. 거의 쓸 일이 없는 스텔스 전투기에는 막대한 돈을 쓰면서 안전을 위해 정말 필요한 소방헬기에는 돈을 쓰지 못하는 현실을요.

이런 현실을 직면하게 된 데에는 두 가지 이유가 있습니다. 하나는 북한과 군사적으로 대결하고 있다는 사실입니다. 우리는 한국전쟁 이후 줄곧 북한과 무력 경쟁을 했습니다. 그래야 안전하다고 생각했으니까요. 그러다 보니 무력을 유지하고 강화하는 데 계속 돈을 써야 했습니다. 물론 북한도 무력을 강화하고 핵무기까지 개발하느라 없는 형편에 막대한 돈을 썼습니다. 북한이 멈추지 않으니 우리도 무력을 강화해야 한다고 말할 수 있습니다. 이는 '닭이 먼저냐, 달걀이 먼저냐'라는 부질없는 말싸움과 같습니다. 누가 먼저랄 것도 없이 남한과 북한 모두 적대관계를 바꾸기보다 무력 강화로 상대를 제압하는 데 신경을 쓰다 보니 벌어진 상황입니다.

다른 하나는 국가안보national security를 인간안보human security보다 우선으로 생각한다는 사실입니다. 국가안보는 무력으로 국가를 지킬 수 있다는 생각입니다. 물론 지금은 세계적으로 국가 안전을 정치, 경제, 외교 등 다양한 힘으로 지켜야 한다는 생각이 주를 이룹니다. 우리는 분단 상황을 앞세워 무력으로 북한으로부터 국가를 지키는 데 초점을 맞춥니다. 그래서 군대와 무기에 막대한 돈을 쓰는 것을 당연하게 생각합니다. 오늘날 전 세계 국가들은 국가안보보다 인간안보를 더 중요하게 생각합니다. 경제, 식량, 보건, 환경, 개인의 자유와 안전, 공동체의 권리와 안전, 정치적 권리 등 삶과 직접 연결된 일에 초점을 맞춥니다. 인간안보를 중요하게 생각한다고 해서 국가안보를 소홀히 하는 것은 아닙니다. 핵심은 국가안보를 위해 인간안보를 무시하거나 희생할 수 없다고 생각한다는 점입니다. 우리는 여전히 국가안보를 우선시하다 보니 인간안보에 큰 관심을 기울이지 않습니다.

지금까지는 북한과 대치하는 상황이니 국가안보가 최우선이라고 생각했습니다. 국가안보에 절대 의문을 가져서는 안 된다고 생각했습니다. 그렇게 국가안보에 온 힘을 쏟았음에도 우리나라와 우리 삶이 안전해지지도 평화로워지지도 않았습니다. 이제 우리도 다른 나라들처럼 사고방식과 시야를 바꿀 때가 됐습니다. 국가안보보다 인간안보를 우선해야 평화롭게 살 수 있습니다. 인간안보를 우선으로 생각하면 북한과의 대결을 끝낼 방법을 고민해야 할 이유가 생깁니다. 안전하고 평화로운 삶을 위해 무력이 아니라 다른 수단을 고민하게 됩니다. 인간안보를 우선하는 접근이 국가안보를 해치지도 않습니다. 우리는 어떤 선택을 해야 할까요?

국방비 증가! 평화지수 향상?

2019년 국방예산은 46조 7,000억 원입니다. 2018년보다 8.2%나 증가했으며 2008년 이후 최고로 많이 증가했습니다. 2019년 정부 예산이 469조 6,000억 원이니까 국방예산은 10%에 조금 못 미칩니다. 그래도 보건·복지·노동, 일반·지방 행정, 교육 분야에 이어서 네 번째로 많은 예산입니다. 국방예산은 2003년 이후 줄곧 정부 예산의 10% 정도를 유지하고 있습니다. 이는 우리 정부가 국방을 가장 중요한 문제 중 하나로 생각한다는 의미입니다.

국민 대다수는 국방예산에 별로 관심이 없습니다. 정부가 알아서 할 일이라고 여깁니다. 또 국방예산에 관한 한 두 가지 생각을 합니다. 하나는 다른 나라도 우리와 비슷한 수준으로 국방에 돈을 쓸 거라고 생각합니다. 착각입니다. 우리는 총액으로 따졌을 때 2018년 392억 달러를 지출해 세계 10위로 국방예산을 많이 쓰는 나라였습니다. 세계지도를 펼쳤을 때 잘 보이지도 않는 이 작은 나라가 말입니다. 국방예산을 제일 많이 쓰는 나라는 미국이었고, 그다음 중국, 사우디아라비아, 러시아, 인도, 영국, 프랑스, 일본, 독일 순이었습니다. 미국은 6,433억 달러로 나머지 9개 나라의 국방예산을 합친 6,138억 달러보다 많았습니다. 국내총생산GDP에서 국방예산이 차지하는 비율을 따져보면 결과가 조금 다릅니다. 2018년 기준으로 우리나라 국방예산은 국내총생산의 2.6%입니다. 2008년부터 2.6~2.7%를 유지했습니다. 국내총생산에서 국방예산이 차지하는 비율이 우리보다 높은 나라는 미국과 사우디아라비아뿐입니다. 국방예산이 세계 2위인 중국은 국내총생산의 1.9%, 5위인 인도도 우리보다 낮은

2.4%입니다. 8위인 일본은 0.9%에 불과합니다. 이로써 우리가 지나치게 많은 국방예산을 쓰고 있음을 알 수 있습니다.

다른 하나는 2018년 남북정상회담 이후 평화 기운이 돌면서 국방예산이 줄어들었을 것이라는 생각입니다. 역시 착각입니다. 앞에서 얘기했듯이 2019년 국방예산은 2008년 이후 최고로 많이 증가했습니다. 현재 계획으로 이 추세는 계속될 예정입니다. 2019년에서 2023년까지 5년 동안의 총 국방예산은 270조 7,000억 원으로 계획돼 있습니다. 연간 평균 증가율이 7.5%나 됩니다. 참고로 2018년 우리나라 경제성장률은 2.7%였고, 2019년 1분기1~3월 성장률은 −0.4%, 2분기4~6월 성장률은 1.1%에 머물렀습니다. 2019~2020년 경제성장률은 2018년보다 낮은 2.5~2.6%로 예상됐습니다. 버는 돈은 조금씩 늘어나는데 국방예산은 쑥쑥 늘어난다는 얘기입니다.

국방예산 증가 문제는 정부 예산 및 우리 사회가 직면한 문제와 함께 따져봐야 합니다. 정부는 기본적으로 국민 생활을 안정시키고 향상하기 위해 예산을 지출합니다. 우리 사회는 낮은 경제성장률, 청년실업, 낮은 출산율, 빈부격차 심화, 높은 자살률, 노인빈곤 등 많은 문제에 직면해 있습니다. 그래서 국민 삶을 안정시키고 기본생활을 보장하기 위해 특히 복지 분야에 정부 지출을 늘려야 하는 상황입니다. 그렇지만 정부의 복지 분야 지출은 경제개발협력기구OECD 회원국 지출 평균의 절반 수준으로 최하위에 머물러 있습니다. 이런 상황을 고려해 정부는 2019년 정부 예산을 2018년보다 9.5% 늘리고 보건·복지·노동 분야 예산은 12% 이상, 교육 분야도 10% 이상 늘렸습니다. 전문가들은 우리 사회가 직면한 문제들의 심각성을 고려하면 훨씬 많이 늘려야 한다고 주장합니다. 국민 대다수의 살림이 갈수록 어려워지는 것을 생각하면 쉽게 이해할 수 있는 주장입니다. 그러나 정부 예산 증가율은 갈수록 줄어들 예정입니다. 경제성장률이 높아지지 않으니 당연한 이치인지도 모릅니다. 이런 상황에서도 국방예산은 몇 년 동안 평균 7.5%로 증가할 예정입니다. 우리가 직면한 현실과는 달라도 너무 다릅니다.

우리가 국방예산을 많이 지출하는 이유는 물론 북한과의 무력 대결 때문입니다. 남북대화가 시작됐고 평화를 얘기하지만 적대관계도 무력 대결도 완전히 사라지지 않았으니 당연하다 여길 수도 있습니다. 하지만 그보다 더 근본적인 이유가 있습니다. 앞에서 얘기한 것처럼 '강한 국방'이 '평화를 이룬다'는 생각 때문입니다. 군대와 무기로 사회의 안전과 평화를 보장할 수 있다는 생각이지요. 그런 생각으로 수십 년 동안 어마어마한 국방예산을 썼습니다. 그래서 목표를 달성했을까요? 심각한 무력 충돌이나 전쟁이 일어나지 않았으니 목표를 달성했다고 볼 수도 있습니다. 무력 충돌이나 전쟁이 없으면 안전하고 평화롭게 사는 것일까요? 겉으로는 안전하고 평화로운 것 같지만 실제로는 그렇지 않습니다. 항상 무력 충돌과 전쟁을 걱정하고,

끝없이 무력을 강화하면서 살아야 하니까요. 더군다나 그것은 평화로운 사회와 삶이라는 최종 목표와는 거리가 너무 멉니다.

세계평화지수Global Peace Index는 전 세계 99.7%의 인구가 사는 163개 나라와 지역의 평화 수준을 비교한 자료입니다. 순위를 매기기 위해 각 국가와 지역의 사회적 안전과 안보, 진행 중인 국내와 국외 갈등, 군사화 수준을 비교합니다. 2019년 자료에 따르면 우리나라의 평화지수 순위는 전 세계 55위입니다. 언뜻 보면 괜찮은 순위로 보이지만 우리의 정치적, 경제적, 사회적, 문화적 수준을 생각하면 만족스럽지 않습니다. 특히 이는 냉전 이후인 1990년대에야 억압적 공산주의를 끝내고 체제를 바꾼 동유럽 국가들이나 정치와 사회가 불안한 일부 아프리카 및 남미 국가들보다 낮은 순위입니다. 또한 2018년 자료보다 6위나 떨어져 2년 연속 하락했습니다. 이 순위는 두 가지를 말해줍니다. 하나는 세계적 기준으로 보면 우리 사회가 그렇게 평화로운 상황이 아니라는 점입니다. 그 이유 중 가장 큰 것은 남북의 정치적, 군사적 대립으로 사회가 안전하지 않고 국방예산의 증가가 보여주는 것처럼 군사화가 심하기 때문입니다. 다른 하나는 한반도에서 군사적 대결이 사라지고 남북이 평화롭게 공존하는 상황이 되어야 평화지수가 올라갈 수 있다는 점입니다. 우리 사회에서 개인과 집단 사이의 많은 갈등과 충돌이 한반도의 불안한 상황과 남북 대립 때문에 불거진다는 점을 생각하면 더욱 그렇습니다.

세계평화지수를 참고하지 않아도 우리가 평화롭지 않다는 사실은 일상을 통해 확인할 수 있습니다. 특히 수십 년 동안 군대와 무기가 줄어들기는커녕 오히려 군사화가 심해져 삶에 큰 영향을 받습니다. 남자는 청년이 되면 특별한 경우를 제외하고 반드시 군대에 가야 합니다. 현재 복무 기간은 육군이 21개월, 해군이 23개월, 공군이 24개월입니다. 청년은 군대에 있는 동안 완전한 자유를 누릴 수 없습니다. 우리 상황에서 군복무는 어쩔 수 없다는 주장이 우세합니다. 그렇더라도 군인이 너무 많은 데다 모든 남자가 군대에 가야 한다면 절대 평화로운 나라가 아닙니다.

군부대와 무기 때문에 생활에 어려움을 겪는 사람도 많습니다. 경기도 가평의 전차포 사격훈련장 주변에 사는 주민들은 장갑차와 소형포, 유탄발사기 등의 사격훈련 때문에 소음, 토지오염, 환경피해를 호소합니다. 몇 년 동안 사격장 폐쇄 또는 이전을 요구했지만 해결되지 않았습니다. 충청남도 보령의 공군사격장 주변 주민들도 소음과 진동 때문에 정신적, 신체적 피해를 호소합니다. 전국적으로 비슷한 피해에 시달리는 마을이 많습니다. 사격장 주변에 사는 사람들은 수십 년 동안 이런저런 피해에 시달려왔습니다. 그럼에도 공식적으로 고통을 호소하고 군부대와 군시설의 폐쇄나 이전을 요구하게 된 것은 불과 몇 년 안 됐습니다. 국가안보와 군사력을 최우선으로 여기는 사회 분위기 때문이었습니다.

군복무, 군부대, 사격훈련장 같은 문제들은 국가안보 때문에 인간안보가 보장되지 않는 상황을 말해줍니다. 군대와 무기가 평화로운 삶을 보장하지 않는다는 사실도 말이지요. 물론 이 같은 상황을 당장 바꿀 수는 없지만 되도록 빨리 이런 문제들을 해결하여 안전하고 평화롭게 살아갈 방법을 고민해야 합니다. 그렇지 않으면 우리 미래가 현재보다 못할 수도 있습니다.

무장 강화와 한반도 평화

대한민국은 세계에서 무기를 많이 수입하는 나라 중 하나입니다. 2018년 무기 수입 비용은 세계 7위였습니다. 2017년보다 23%나 많은 돈을 무기 구매에 사용했습니다. 더한 기록도 있습니다. 2006~2010년에는 세계 무기 수입국 2위였고, 2014년에는 1위를 차지했습니다. 내전 중이었던 나라들까지 제치고 차지한 '불명예'였습니다. 2014~2018년에는 평균 세계 9위의 무기 수입국이었습니다. 대한민국은 미국 무기를 가장 많이 수입하는 나라 중 하나이기도 합니다. 2008년에서 2017년까지 10년을 통틀어 미국산 무기 수입국 3위를 차지했습니다. 2014~2018년 우리나라가 수입한 무기 중 미국산은 51%였습니다.* 이 모든 순위가 말해주는 것은 우리나라가 무기 구매에 많은 돈을 쓴다는 사실입니다.

무기를 많이 수입한다는 것은 두 가지를 의미합니다. 하나는 무기를 충분히 못 만든다는 것이고, 다른 하나는 필요한 무기가 많다는 것입니다. 우리나라가 무기를 못 만드는 것은 아닙니다. 우리나라는 2014~2018년 무기 수출에서 세계 11위를 차지했습니다. 주로 인도네시아, 이라크, 영국에 수출했습니다.** 그런데 왜 그렇게 무기를 많이 수입할까요? 무력을 강화하는 데 새로운 첨단무기가 계속 필요하기 때문입니다. 새로운 무기는 북한에 우리 군사력을 보여주고 공격을 막기 위해 곳곳에 배치됩니다.

남한과 북한의 군사력이 얼마나 차이가 나길래 계속 새로운 무기를 사들일까요? 북한이 개방된 국가가 아니다 보니 정확한 통계를 구하기가 쉽지 않습니다. 국방부가 펴낸 국방백서에서 북한의 군인 수와 전차, 전투기, 함대 등의 숫자를 알 수 있지만 그것만으로 군사력을 비교하기는 힘듭니다. 사람의 능력과 무기의 기능을 정확히 가늠할 수 없으니까요. 전문가들은 핵무기를 제외하고 전체적인 군사력에서 남한이 북한을 압도한다고 말합니다. 전 세계 국가의 군사력을 평가하는 미국의 한 군사전문사이트는 2018년 남한 군사력을 세계 7위, 북한 군사력을 세계 17위로 평가했습니다.*** 이는 충분

---

* SIPRI Fact Sheet March 2019, Trends in International Arms Transfers, 2018.
** 같은 팸플릿.
*** 노컷뉴스, 2018년 5월 3일 기사 참고.

히 설득력이 있습니다. 남한 경제는 북한보다 50배 정도 앞서 있고, 남한은 지난 수십 년 동안 북한보다 훨씬 많은 국방예산을 지출해왔거든요. 북한의 국방예산은 정부 예산의 16% 정도이고 국내총생산의 24% 정도를 차지합니다. 비율을 보면 많은 것 같지만 액수로는 2017년의 경우 우리 국방예산의 4분의 1 정도로 알려졌습니다. 북한이 핵무기를 개발하게 된 이유 중 하나가 다른 무기로는 남한과 경쟁할 수 없었기 때문입니다.

우리는 앞으로도 무기를 많이 수입할 계획입니다. 이는 국방예산을 살펴보면 알 수 있습니다. 국방예산은 크게 전력운영비와 방위력개선비로 구성됩니다. 전력운영비는 군인의 인건비·급식비·의복비 등에 쓰이는 병력운영비, 정보화·군수 지원·교육 훈련 등 전력을 유지하고 운영하는 데 쓰이는 전력유지비로 나뉩니다. 방위력개선비는 화력, 함정, 항공기 등 전력을 강화하는 무기 구매와 연구개발비에 쓰입니다. 이 방위력개선비가 2019년에는 13.7% 증가해 전체 국방예산 중 32.9%를 차지했습니다. 2006년 이후 최고 수준이었습니다. 방위력개선비는 앞으로 계속 올라 2023년에는 국방예산의 36%를 차지할 전망입니다. 2019년부터 2023년까지 방위력개선비에 쓰일 총금액은 94조 1,000억 원입니다. 2019년 국방예산의 두 배가 넘는 액수입니다. 물론 거기에는 무기 개발에 쓰이는 비용도 포함됩니다. 그렇지만 그것도 결국 새로운 무기를 만드는 데 쓰는 비용이라 구분하는 것이 별로 의미가 없습니다. 결론은 앞으로도 막대한 돈을 새로운 무기를 구매하고 배치하는 데 쓸 예정이라는 것입니다.

북한 핵무기에 대응하는 무기 체계도 갖춰가고 있습니다. 국방부는 북한 핵과 미사일 위협에 대응하기 위해 '핵·WMD^{대량살상무기} 대응체계'를 마련했습니다. 핵·미사일 발사 징후를 탐지한 후 타격하는 '선제타격', 핵·미사일을 공중에서 요격하는 '한국형 미사일 방어', 핵·미사일 공격을 받은 이후의 보복인 '압도적 대응'으로 구성됩니다. 경북 성주군 소성리에 주한미군이 배치한 고고도미사일방어체계, 곧 사드^{THAAD}도 핵·미사일에 대응하는 무기입니다. 국방백서는 "한반도의 완전한 비핵화와 항구적인 평화정착을 위해" 핵·미사일 방어체계를 계속 발전시키겠다고 말합니다.* 다행스러운 일이라고 말하는 사람도 있을 테지요. 이러한 상황은 북한 핵무기와 남한 대응체계로 한반도는 세계 어느 곳과 비교해도 뒤지지 않는 최고의 무장 상태라는 사실을 보여줍니다.

문제는 한반도의 안전과 평화에 핵·미사일 대응체계가 담당할 역할이 없다는 점입니다. 평화로워지려면 북한이 핵과 미사일로 우리를 위협하지 않고 남한도 대응할 필요가 없는 상황이 이루어져야 합니다. 평화는 무기로 이루어지지 않습니다. 물론 우리가 결코 약하지 않다는 사실을 북한에 알릴 수는 있습니다. 그러나 북한 핵무기도

---

* 「2018 국방백서」, 54쪽.

우리 대응체계도 결국 쓰면 안 되는 것입니다. 그럼에도 우리는 막대한 돈을 쏟아붓습니다.

모두가 북한 핵무기와 무력 강화 때문이라고 하겠지만 실은 한국전쟁 이후 남한과 북한이 똑같이 무력 경쟁을 했습니다. 나라 살림에 큰 부담이 되고 무엇보다 한반도의 안전과 평화를 해치는데도 아랑곳하지 않았습니다. 남한과 북한은 서로 '평화'와 '안전'을 위협한다며 핵무기나 사드체계, 스텔스 전투기 같은 상대방의 첨단무기를 비난합니다. 그런데 군사적 충돌을 살펴보면 우리 안전을 좌우하는 것은 그런 첨단무기가 아니라 평범한 무기라는 것을 알 수 있습니다. 1999년 6월에 일어난 서해교전은 북한의 꽃게잡이 어선을 보호하려다 북방한계선을 넘은 북한 해군과 우리 해군이 총격전을 벌이면서 발생했습니다. 그로 인해 북한군 약 30명, 우리 군 9명이 사망했습니다. 2002년 6월과 2009년 11월에 일어난 서해교전도 비슷했습니다. 2002년에는 우리 군 6명이 사망했고 19명이 부상당했습니다. 2009년에는 북한군 1명이 사망했습니다. 2010년에는 북한이 연평도에 포를 쏘아 우리 군 2명과 민간인 2명이 사망했고, 군인 16명과 민간인 3명이 부상을 당했습니다. 가장 최근에 있었던 남북 충돌이었고 민간인의 생명까지 앗아간 충격적인 일이었습니다. 남한과 북한은 서로 상대방이 먼저 도발했다고 비난했습니다. 그렇지만 이런 일이 벌어진 근본적인 이유는 휴전선 부근에서 남한과 북한 사이의 군사적 긴장이 높고 서로를 자극하는 일이 자주 발생하기 때문이었습니다. 또 당시 남북관계가 극도로 나빠진 것도 중요한 이유였습니다.

아무리 무장을 강화하고 첨단무기를 사들여도 남북이 군사적으로 대결하고 관계가 개선되지 않는 한 절대 안전해지지 않습니다. 한반도의 무장만 강화되고 평화와는 계속 멀어집니다. 군대와 무기는 평화를 가져오지 않습니다. 이제 생존을 위해서라도 새롭게 생각하고 고민해야 합니다. 그렇지 않으면 미래는 현재보다 못할 수 있고, 그런 미래를 다음 세대에게 물려주어야 합니다.

평화적 공존을 위한 군축

2018년 4월 27일 남북정상회담에서 합의한 '판문점선언'의 3번 ②항을 보면 "남과 북은 군사적 긴장이 해소되고 서로의 군사적 신뢰가 실질적으로 구축되는 데 따라 단계적으로 군축을 실현해나가기로 하였다."라는 내용이 있습니다. 남북 정상이 군축을 얘기한 것은 큰 의미가 있습니다. 군사적 대결과 경쟁을 줄이려고 노력하겠다는 뜻이니까요. 군축은 군비축소를 줄인 말입니다. '군비'는 군사적 목적을 위해 갖춰진 시설이나 장비를 말합니다. 군인 수, 군부대, 각종 무기 등 군과 관련된 모든 것이 군비에 포함됩니다. '군축'은 군사시설이나 장비를 줄이는 것을 말합니다. 이는 남한과 북한이 서로를 적으로 여기지 않으며 공격하지 않기로 약속해야 가능한 일입니다. 또 약속이 실행될 수 있도록 신뢰를 쌓고 상당한 시간 정치적, 군사적으로 서로를 비난하지 않아야 가능합니다. 그래서 '판문점선언' 2번을 보면 남한과 북한의 군이 군사적 긴장과 충돌 위험을 없애기 위해 여러 가지를 실행한다는 내용이 포함돼 있습니다. 2018년 9월 3차 남북정상회담에서는 이런 내용을 확실하게 실천하기로 한 남북군사합의서에 서명했습니다. 그 후 남북은 실제로 휴전선 부근에서 서로에 대한 공격을 멈췄고, 비무장지대에서 군사적 충돌을 없애기 위해 일부 감시초소를 철거했습니다. 우리는 문서상으로 군축의 첫발을 뗐고 그를 위한 준비를 시작했습니다.

군축을 하기란 쉽지 않습니다. 일방적으로 하기가 불가능하며 반드시 함께해야 하기 때문입니다. 그러기 위해서 가장 중요한 것이 신뢰입니다. 신뢰는 대화와 교류를 통해 쌓을 수 있습니다. 무엇보다 남한과 북한 두 정부는 물론 한반도에 사는 모두가 군대와 무기가 아니라 상호 신뢰와 협력으로 평화를 이룰 수 있다는 생각에 동의해야 합니다. 무기로 상대를 위협해 평화를 지키고 유지할 수 있다는 생각에서 벗어나야 합니다. 그런데 생각은 쉽게 변하지 않습니다. 이것이 군축으로 가는 길에 극복해야 할 가장 큰 도전이 될 수 있습니다.

우리는 그동안 군대 규모가 크고 무기가 있어야 북한의 공격을

철원 중부전선 감시초소 철거작업 모습. ⓒ연합뉴스

막으면서 안전하게 살 수 있다고 믿었습니다. 필요하다면 북한과 전쟁도 할 수 있고, 그럴 때를 대비해서 반드시 이길 수 있는 무력을 갖추어야 한다고 생각했습니다. 규모가 큰 군대를 유지하고 끊임없이 첨단무기를 사들였습니다. 하지만 전쟁은 안 됩니다. 우리도 북한도 전쟁을 원치 않습니다. 둘 다 한국전쟁 때 워낙 많은 사람이 죽은 데다 온 나라가 폐허가 된 경험이 있기 때문에 전쟁으로 다시 삶이 망가지는 것을 원치 않습니다. 지금보다 풍족하고 질 좋은 삶을 원합니다. 남한이나 북한이 무력을 강화하는 이유는 전쟁을 막기 위해서입니다. 전쟁을 하고 싶지 않아서 무력을 강화한다는 얘기입니다. 그래야 서로 상대의 무력에 눌려 공격하지 못한다는 것이죠. 그러니 남한과 북한의 궁극적인 목표는 같습니다. 다만 상대를 믿지 못하기 때문에 군비 경쟁을 계속하고 서로를 위협했던 것입니다.

당장은 불가능해 보이고 어려움이 많겠지만 군축을 해야 하는 이유는 여러 가지가 있습니다. 첫째는 한반도에서 안전하게 살기 위해서입니다. 우리는 한국전쟁 이후 줄곧 전쟁과 무력 충돌의 위험 속에서 살아왔습니다. 그런 삶을 끝내고 다음 세대가 평화롭게 살려면 반드시 군축이 필요합니다. 둘째는 경제적으로 지금보다 풍족하게 살기 위해서입니다. 남한과 북한 모두 군대와 무기에 막대한 돈을 씁니다. 전쟁의 기억과 서로 다른 이념 때문에 상대를 적으로 여기고 살아왔기 때문입니다. 이는 남한과 북한 모두에 힘든 상황입니다. 갈수록 어려워지는 경제 상황에서 군대와 무기에 쏟아붓는 막대한 돈을 먹고사는 문제를 해결하고 삶의 질을 높이는 데 써야 합니다. 셋째는 무엇보다 한반도 평화를 위해서입니다. 무기를 늘려가고 첨단무기로 서로를 위협하면서 평화를 얘기하는 것은 논리적으로 타당하지 않습니다. 말로만 평화를 얘기하지 말고 정말 평화를 원한다면 행동으로 보여주어야 합니다. 그러기 위해 반드시 군축을 해야 합니다. 마지막으로는 평화적 통일을 위해서입니다. 남한과 북한 모두 통일을 얘기합니다. 통일은 한쪽이 다른 쪽을 이기는 것이 아니라 서로 합의해야 이루어질 수 있습니다. 그러기 위해서는 먼저 적대감정을 없애고 함께 통일을 얘기할 수 있는 상황을 마련해야 합니다. 서로 총부리를 겨누고 첨단무기로 위협하면서 통일을 얘기할 수는 없습니다.

국민 대다수가 남북정상회담을 환영하고 한반도에서 다시는 전쟁이 일어나지 않게 하겠다는 남북 정상의 약속을 지지했습니다. 그러나 여전히 의심을 거두지 않습니다. 북한과 계속 대화할 수 있을지 고민합니다. 그런데 남북이 진지한 대화를 시작한 지 얼마 되지 않았습니다. 10여 년 전에 대화를 했지만 그 후에 모든 대화가 중단되고 적대감을 드러내면서 그동안 쌓은 신뢰가 모두 무너져버렸습니다. 그래서 수십 년 동안 쌓인 불신의 벽을 다시 없애야 했습니다. 당연히 힘든 일입니다. 거기다 단순히 서로를 공격하지 않는 것이 아니라 견고하게 갖춰놓은 군비를 줄이는 일까지 해야 합니다. 이런 상황에서 필요한 것은 참고 또 참으면서 목표를 기억하는 일입니다. 평화롭게 공존하여 마침내는 평화적 통일까지 얘기하는 목표를 말입니다.

**함께 생각하고
토론하기**

- 국가안보가 아니라 인간안보에 초점을 맞출 때 좋은 점과 걱정되는 점을 토론해봅시다.

- 남한과 북한이 군대와 무기에 돈을 많이 쓰게 된 이유와 그것이 한반도에 사는 사람들의 삶에 미친 영향을 토론해봅시다.

- 국방예산을 줄인다면 그 돈을 어디에 쓰는 것이 좋을지 얘기해봅시다.

- 본격적으로 군축을 시작한다면 좋은 점과 걱정되는 점이 무엇인지 토론해봅시다.

5장

통일,
꼭 해야 하나요?

우리의 소원은 통일?

한반도에 사는 사람이라면 누구나 아는 노래가 있습니다. 바로 〈우리의 소원〉입니다. 드문 일이긴 하지만 남한과 북한 사람들이 만나 행사를 할 때면 어김없이 부르는 노래입니다. 이 노래는 1947년에 만들어졌습니다. 원래는 서울중앙방송국이 3·1절 특집 어린이 프로그램으로 만든 〈우리의 소원〉이라는 노래극에 포함된 합창곡이었다고 합니다. 가사도 '우리의 소원은 독립'이었습니다. 그런데 1948년 초등학교 교과서에 실리면서 가사가 '우리의 소원은 통일'로 바뀌었습니다. 북한에서도 1990년대부터 많이 불렸는데 제목은 〈우리의 소원은 통일〉입니다.

2018년 2월 11일 평창 동계올림픽을 축하하려고 방한한 북한예술단이 서울에서 공연을 했습니다. 공연 마지막에 북한예술단 단원 한 명과 남한 걸그룹 멤버 한 명이 함께 〈우리의 소원〉을 불렀습니다. 관객들도 따라 불렀습니다. 이 노래는 남한과 북한 사람들이 처음부터 끝까지 함께 부를 수 있는 몇 안 되는 노래 가운데 하나입니다. 처음 만났지만 남한 관객들과 북한예술단 단원들은 〈우리의 소원〉을 부르면서 '통일'에 공감했습니다.

많은 사람이 이 노래를 부릅니다. 통일이 소원이든 아니든 간에요. 한민족이라면 통일을 당연한 것으로 알고 있으며, 그렇게 배웠으니까요. 이 노래는 우리에게 두 가지를 말해줍니다. 하나는 남한과 북한 모두 공식적으로 '통일'을 원한다는 점입니다. 〈우리의 소원〉이 남북의 공식적인 행사에서 불리는 이유입니다. 다른 하나는 개인적으로 원하지 않아도 한반도에 사는 한 통일을 생각하지 않을 수 없다는 점입니다. '통일'이라는 말은 우리가 생각하지 않고 관심을 두지 않아도 항상 가까이에 있습니다.

통일은 '나누어진 것을 하나로 합침'이라는 뜻입니다. 남한과 북한을 하나로 합쳐 하나의 나라를 이루어야 한다는 뜻입니다. 한반도에 두 개의 나라가 들어선 것은 정치지도자들이 결정한 일이었고 평범한 사람들은 결정에 참여하지도, 원하지도 않은 일이었습니다. 물론 자기가 지지하는 이념에 따라 남한이나 북한을 선택한 사람들도 있습니다. 그렇지만 대부분은 그냥 받아들여야 했습니다. 그래도 한국전쟁 이전까지는 희망이 있었습니다. 남북을 연결하는 철도와 도로가 있었고 남북을 오가는 일이 완전히 불가능하지는 않았으니까요. 그러나 한국전쟁 이후에는 모든 것이 달라졌습니다. 남한과 북한은 휴전선과 비무장지대로 완전히 갈라졌습니다. 일반인이 무장한 군인이 지키는 휴전선을 넘는 일은 불가능해졌습니다. 한국전쟁 때 잠깐 피란을 왔던 사람들은 고향으로 돌아가지 못했습니다.

한국전쟁 이후 남한과 북한을 오가지 못하게 됐지만 여전히 희망을 버리지 않은 사람들이 있습니다. 강원도 속초의 아바이마을 주민 70% 이상은 함경도 피란민과 그들의 후손입니다. 피란민들은 한국전쟁 때 내려왔다가 휴전선이 생기면서 고향에 돌아가지 못하게 됐습니다. '아바이'는 함경도 방언으로 '아저씨'란 뜻입니다. 처음 피란을 왔던 사람 중 다수가 이미 사망했지만 남은 사람들과 후손들은 여전히 고향 갈 날을 고대합니다.

경기도 파주시에 대성동이 있습니다. 유일하게 비무장지대 안에 있는 마을로 '자유의 마을'로 불리기도 합니다. 북쪽에도 비슷한 마을이 있습니다. 바로 기정동입니다. 역시 비무장지대 안에 있고 '평화의 마을'로 불립니다. 두 마을은 원래 하나의 마을이었습니다. 그런데 휴전선이 그어지면서 한쪽은 북한으로, 한쪽은 남한으로 갈라졌습니다. 당연히 마을 사람들도, 심지어 친척들도 갈라졌습니다. 윗마을의 큰집과 아랫마을의 작은집이 갈라져 형제는 영영 볼 수 없게 됐습니다. 한국전쟁 중에 두 마을 주민들이 농사짓던 '널문리'라는 들판에 판문점이 들어섰습니다. 판문점에서는 북쪽 기정동이 선명하게 보입니다.

어쩌다가 고향을 떠나온 사람들, 가족이나 친척과 헤어진 사람들은 두말할 필요 없이 통일을 고대합니다. 죽기 전에 헤어졌던 사람들을 보고 싶어 합니다. 한반도에서 어우러져 살던 시절을 기억하는 사람들, 남한과 북한을 자유롭게 오가기를 바라는 사람들, 전쟁 위험을 없애고 경제적으로 발전하기를 바라는 사람들도 통일을 원합니다.

　그렇지만 통일이 필요하지 않다고 생각하는 사람들도 있습니다. 2019년 5월 통일연구원이 발표한 여론조사에서는 19세 이상 성인 중 65.6%가 통일이 필요하다고 답했습니다. 같은 연구소의 2017년 조사에서는 57.8%, 2018년 조사에서는 70.7%가 통일이 필요하다고 답했습니다. 2018년 남북정상회담으로 남북관계가 개선되면서 통일에 대한 지지가 높아졌다가 2019년 남북관계가 지지부진하면서 지지가 낮아졌음을 알 수 있습니다. 다른 조사 결과도 있습니다. 매년 통일의식을 조사하는 서울대 통일평화연구소의 2018년 조사에서 통일이 '매우 또는 약간 필요'하다고 답한 사람은 59.8%였습니다. 10년 동안의 조사 중 가장 높은 수치였습니다. 역시 2018년 남북대화의 영향을 받았습니다. 수치는 조금 다르지만 여론조사 결과를 보면 성인의 60~70%가 통일이 필요하다고 생각합니다. 높은 수치이지만 원하지 않는 사람도 많다는 뜻입니다.

　2019년 통일연구원 조사에서는 한 가지 흥미로운 점이 발견됩니다. '통일문제'와 '경제문제' 중 하나를 선택해 해결해야 한다면 무엇을 선택할 것이냐는 물음에 8.3%만이 통일문제를 선택했고 70.5%가 경제문제를 선택했습니다. 2017년에는 통일문제 5.7%, 경제문제 68.9%였습니다. 2018년에는 통일문제 12.8%, 경제문제 60.7%였습니다. 이로써 남북대화가 이루어지고 남북관계가 좋아지면 통일문제를 선택하는 비율이 높아짐을 알 수 있습니다. 중요한 점은 압도적으로 많은 사람이 통일을 다른 문제보다 우선으로 선택해야 한다고 생각하지 않는다는 사실입니다.

'우리의 소원은 통일'이라고 함께 노래를 부르지만 남북관계의 변화에 따라, 직면한 상황에 따라, 각자의 생각에 따라 통일을 다르게 봅니다. 각자 생각이 다를 수 있으며 누구도 통일을 강요할 수 없습니다. 다만 한 가지 생각해볼 점은 있습니다. 왜 통일에 대해 다른 생각을 하는지, 왜 상황에 따라 생각이 달라지는지, 통일을 원하는 이유와 원하지 않는 이유가 무엇인지 말입니다. 그래야만 한반도에 사는 한 절대 외면할 수 없는 통일에 대해 함께 얘기하고 고민해볼 수 있으니까요.

통일, 꼭 필요한가

어린이와 청소년의 통일에 대한 생각도 어른들과 비슷했습니다. 2017년 통일교육원이 초등학교 5, 6학년생부터 중고등학교 학생까지 조사한 결과를 보면 62.6%가 통일이 '매우 필요' 또는 '대체로 필요'하다고 답했습니다. 필요하지 않다고 답한 학생은 16.2%였습니다. 2018년 조사에서도 63%가 통일이 '매우 필요' 또는 '대체로 필요'하고 했습니다. '필요하지 않다'는 답은 13.7%로 2017년보다 낮아졌습니다. '잘 모르겠다'는 대답도 많았습니다. 2017년 20.7%, 2018년 22.6%가 '잘 모르겠다'고 답했습니다. '필요하지 않다'는 비율은 2018년 2.5% 줄었습니다. 그렇지만 그 비율 중 대부분이 통일이 '필요'하다는 쪽이 아니라 '잘 모르겠다'는 쪽으로 움직인 것을 알 수 있습니다. 아마도 2018년 남북대화가 이루어지고 남북관계가 좋아지는 것을 보면서 '필요하지 않다'는 생각이 바뀌었지만 여전히 통일이 꼭 필요하다고는 생각하지 않는 듯합니다.

중고등학생들만 대상으로 한 여론조사 결과는 좀 달랐습니다. 2018년 8월 한국청소년정책연구원이 내놓은 조사 결과를 보면 50.4%가 '통일이 되면 좋겠다'고 답했습니다. '지금 이대로가 좋다'는 11.9%, '나와 상관없다'는 17.9%였습니다. 이 둘을 합치면 29.8%입니다. 통일이 필요하다고 답한 학생이 절반이나 됐지만 약 30%는 통일이 필요하지 않다고 답한 것입니다. 통일이 필요하다는 비율도 2018년 두 개의 성인 여론조사 결과가 보여준 70.7%와 59.8%보다 훨씬 낮았습니다.

청년들의 생각도 중고등학생과 비슷한 것으로 나타났습니다. 2018년 12월 국회 외교통일위원회가 대학생을 대상으로 실시한 조사 결과를 발표했습니다. 대학생의 53%가 통일이 '약간 또는 매우 필요하다'고 답했습니다. 전혀 필요하지 않다는 비율은 10%로 낮았는데 역시 2018년 남북대화의 영향이었습니다. 그래도 통일이 필요하다는 비율은 성인보다 낮았습니다.

위의 여러 조사 결과는 세대마다 통일에 대한 생각이 다르다는 것을 보여줍니다. 보통 나이가 많은 세대가 어린 세대보다 통일이 더 필요하다고 생각합니다. 그렇다면 어린 세대는 왜 통일이 필요하거나 필요하지 않다고 생각할까요?

앞에서 얘기한 통일교육원 조사에서 통일이 필요한 가장 큰 이유로 선택한 답은 '전쟁 위협이나 불안감에서 벗어날 수 있기 때문에'였습니다. '통일이 되면 우리나라의 힘이 더 강해질 수 있기 때문에', '역사적으로 같은 민족이었기 때문에'가 뒤를 이었습니다. 그렇다면 왜 통일이 필요하지 않다고 생각할까요. 가장 큰 이유가 '통일 후 사회가 너무 혼란스러워질 것 같아서'였습니다. '북한의 군사적 도발 때문에 북한에 대한 거부감이 커져서', '통일비용 같은 경제적 부담이 클 것 같아서'가 뒤를 이었고요.

대학생들은 통일이 필요한 이유로 '한국의 경제성장을 위해서', '전쟁 위협을 없애기 위해서', '같은 민족이기 때문에'라고 답했습니다. 통일이 필요하지 않다고 답한 학생들은 '지금도 크게 불편하지 않아서', '사회 혼란이 생기기 때문에', '통일비용이 너무 많이 들기 때문에'라는 이유를 들었습니다. 초중고 학생들과 비슷하게 통일이 현재의 우리 사회와 생활을 뒤흔들 것을 염려했습니다.

우리는 같은 민족이기 때문에 통일을 해야 한다고 배웠습니다. 그런데 이제는 많은 사람이 민족문제를 통일의 중요한 이유로 생각하지 않습니다. 다양한 세대에 대한 여러 여론조사를 보면 알 수 있습니다. 2019년 통일연구원 조사에 따르면 41.4%가 '남한과 북한이 한 민족이라고 해서 반드시 하나의 국가를 이룰 필요는 없다'고 생각합니다. 20대에서 49.7%, 젊은 세대보다 민족의식이 강하다고 여겨지는 60대 이상에서도 34%가 같은 답을 했습니다. 이 같은 사례는 통일문제와 경제문제가 동시에 불거진다면 70% 이상이 '경제문제'를 해결해야 한다고 답한 것에서도 볼 수 있습니다.

여러 여론조사에서 많은 사람이 잘살기 위해서는 통일이 필요하다고 생각하는 것을 알 수 있습니다. 전쟁 위험에서 벗어나고, 경제적으로 지금보다 나은 생활을 위해서 말이지요. 통일이 필요하지 않다는 생각도 비슷합니다. 사회적 혼란을 피하고 경제적 부담을 지고 싶지 않다는 것은 결국 안전하고 편안하게 잘살고 싶어서 통일이 필요하지 않다고 생각한다는 얘기이니까요. 통일이 필요한 이유와 필요하지 않은 이유가 서로 통하는 셈입니다.

누구도 통일을 강요할 수는 없습니다. 모두가 함께 고민하고 토론하여 결정해야 통일을 이룰 수 있습니다. 그러기 위해서는 먼저 통일에 대한 다양한 생각을 알아야 합니다. 통일이 모두에게 좋은 선택이 되어야 하니까요. 아울러 북한 사람들에게도 통일이 지금보다 나은 미래를 위한 좋은 선택이 되어야 합니다. 결국 모두가 합의해야 통일이 이루어집니다. 그러므로 먼저 '통일'에 대해 진지하고 솔직하게 얘기해야 합니다. '국민의 절반 이상이 원하니 당연하다', '원하지 않는 사람도 많으니 당연하지 않다'고 얘기하는 것이 아니라, 통일이 되면 좋은 점과 걱정되는 점을 함께 생각하고 고민해봐야 합니다.

통일 방식

한국전쟁은 정전협정으로 중단됐습니다. 휴전을 위한 협상은 한국전쟁이 일어나고 1년이 조금 지난 1951년 7월에 시작됐습니다. 유엔군과 공산군 대표가 협상을 했습니다. 한국정부는 유엔군 사령관, 실제로는 미군에게 한국군의 작전지휘권을 맡겼으므로 직접 참여하지 않았습니다. 유엔군과 공산군이 휴전협상을 시작하게 된 이유는 누구도 한반도에서 승리를 장담할 수 없는 상황이었기 때문입니다. 인민군은 전쟁 직후 무서운 속도로 남진했지만 유엔군의 반격으로 석 달 만에 후퇴했습니다. 미군이 중심이 된 유엔군은 1950년 9월 서울을 탈환한 이후 계속 북진했고 북한을 군사적으로 점령할 수 있다고 생각했습니다. 그러나 중공군의 참전으로 다시 후퇴할 수밖에 없었습니다. 북한을 점령할 수 없는 상황이 되자 유엔군은 참전의 원래 목표로 돌아가기로 했습니다. 즉, 북한군을 삼팔선 이북으로 몰아내고 남한을 지키는 것이었습니다. 북한과 중국도 남한으로 진격하겠다는 목표를 포기했습니다. 좀처럼 유엔군을 이기지 못할 것 같았으니까요. 이런 상황에서 큰 희생이 따르는 전쟁을 계속하는 것은 모두에게 무모했습니다. 유엔군과 공산군이 협상을 시작한 이유입니다.

막상 휴전협상이 시작되자 남한 정부는 휴전을 강하게 반대했습니다. 이승만 대통령은 휴전하면 한반도가 분단된다면서 통일이 이루어질 때까지 한국군 단독으로라도 전쟁을 계속하겠다고 선언했습니다. 유엔군과 공산군의 판문점 회담에서 휴전을 위한 타협 가능성이 보일 때마다 이승만 대통령은 휴전 반대 성명을 발표했습니다.[*] 대통령 성명에 따라 전국 곳곳에서 휴전을 반대하는 시위가 일어났습니다. 남한에서는 유엔군이 공산군을 이길 거라고 믿었고, 북한을 점령하여 통일을 이루어야 한다고 생각했습니다. 바로 무력통일입니다. 북한이 남한을 공격하면서 내세운 이유와 같았습니다. 북한은 남한을 해방시켜 통일을 이루겠다고 했습니다. 북한의 잘못된 생각 때문에 전쟁이 일어났고 많은 사람이 죽었습니다. 그런데 유엔군의 도움으로 남한이 군사적으로 유리한 것처럼 보이자 남한 정부도 똑같이 주장했던 것입니다.

한국전쟁 경험은 통일 방식을 고민할 때 참고할 만한 좋은 교훈

---

[*] 김계동, 『한국전쟁 불가피한 선택이었나』, 명인문화사, 2014, 356~362쪽.

1951년 휴전을 반대하는 시민들의 시위 모습.

이 됩니다. 한국전쟁을 시작한 북한도, 휴전협상을 반대한 남한도 통일을 주장했습니다. 물론 당시 한반도에 사는 사람이라면 모두 통일을 원했습니다. 그러나 정치인들이 주장한 것은 무력통일이었습니다. 북한은 실제 전쟁을 일으켰고, 남한은 휴전을 거부하고 전쟁을 계속하려고 했습니다. 모두가 잘사는 통일이 아니라 많은 사람을 희생시키는 전쟁으로 이루어지는 통일을 주장했던 것입니다.

한국전쟁 경험은 무력통일은 절대 안 된다는 것을 알려줍니다. 만일 지금 무력통일 방식까지 생각한다면 그것은 통일을 위해서 다시 전쟁을 할 수도 있다는 얘기입니다. 무력통일은 한쪽이 다른 쪽을 힘으로 점령하고 억압하는 통일이므로 지금보다 잘사는 한반도를 이룩하지 못합니다. 또 통일을 위해 많은 사람이 목숨을 잃어야 한다면 굳이 통일을 선택할 이유가 없습니다. 통일은 한반도에 사는 모든 사람의 안전과 행복을 위한 선택이 돼야 합니다. 그러므로 무력통일은 우리 선택에서 제외해야 합니다.

흡수통일이 가능하다는 얘기도 들립니다. 남한이 북한보다 여러 면에서 우월하니까 북한을 흡수하면 된다고 생각하는 겁니다. 흡수통일은 정치적, 경제적 힘이 약한 쪽을 강한 쪽의 체제로 흡수하는 것을 말합니다. 흡수하는 쪽은 익숙한 정치, 경제, 사회 제도와 생활 방식을 그대로 유지하고 흡수되는 쪽은 익숙하고 편한 모든 것을 포기해야 합니다. 독일의 통일 방식이 흡수통일이었습니다. 처음엔 동독 사람들도 서독 사회에 흡수되는 것을 반겼습니다. 서독 사람들처럼 살 거라는 기대가 컸습니다. 그러나 새로운 사회에 적응하는 것은 힘들었고 자기들이 통일된 사회에서 2급 시민 취급을 받는다고 생각했습니다. 경제적으로도 서독 사람들을 따라잡을 수 없었습니다. 그러다 보니 차라리 통일 전으로 돌아가는 것이 낫겠다는 소리가 불거졌습니다. 세월이 지나면서 상황이 나아졌지만 독일 사례로 흡수통일이 모두에게 좋은 통일이 아님을 알 수 있습니다. 아무래도 한쪽이 다른 쪽을 지배하니까요. 그러므로 흡수통일도 우리 선택에서 제외해야 합니다.

통일 방식에 대해서는 여러 의견이 있습니다. 정치제도를 통일해 하나의 국가를 이루는 방식, 국가는 하나이지만 남한과 북한이 그대로 정치제도를 유지하는 방식, 처음엔 각자 정치제도를 유지하다가 점진적으로 통합을 거쳐 통일을 이루는 방식 등입니다. 상상력을 동원하여 새로운 방식을 고민할 수 있습니다. 이상은 정치체제에 한정됩니다. 통일은 정치적인 것만을 의미하지 않습니다. 통일에서 가장 중요한 것은 서로에 대한 불신과 서먹함에서 벗어나고, 서로를 인정하며, 한반도의 평화와 발전을 위해 함께 노력하는 것입니다. 서로 마음이 통하고 통일의 목표를 만드는 데에서 먼저 하나가 되어야 합니다. 그런 토대가 마련된 후에야 정치적 통일을 고민할 수 있습니다.

통일에 대해 이런저런 걱정을 내비치는 사람도 있습니다. 남한과 북한이 정치를 비롯하여 문화, 언어, 생활방식, 경제수준 등 모든 것이 다른데 어떻게 통일을 이루어 함께 살 수 있냐는 것입니다. 하지만 크게 걱정할 필요 없습니다. 우리는 세계화 시대에 우리와 다른 많은 나라 사람들을 만나면서 삽니다. 다른 나라 사람들도 마찬가지입니다. 서로 다른 점을 인정하기에 가능한 일입니다. 통일이라고 해서 무조건 한 가지로 '통일'해야 하는 것은 아닙니다. 한반도 통일은 남한과 북한이 각자의 고유한 문화와 언어, 생활방식, 경제체제 등을 유지하면서 자신의 선택에 따라 조금씩 다른 것을 배우고 받아들이는 것을 말합니다. 마치 다른 나라 문화와 음식을 조금씩 이해하고 받아들이듯이 말입니다.

통일 방식과 선택에서 무엇보다 고민해야 할 것은 선택하지 말아야 할 방식과 피해야 할 것을 정하는 일입니다. 앞에서 얘기한 무력통일이나 흡수통일처럼요. 또 정치적으로 하나가 되는 것을 최종 목표로 삼아서는 안 됩니다. 그보다 모두의 안전하고 평화로운 삶을 통일 목표로 삼아야 합니다. 누구도 통일 과정에서 억울하게 피해를 입어서는 안 됩니다. 좋은 것을 선택하여 이루는 통일은 우리 손에 달려 있습니다.

평화적 공존, 평화적 통일

한반도에 사는 모든 사람의 안전하고 평화로운 삶을 위한 통일을 '평화적 통일' 또는 '평화통일'로 부를 수 있습니다. 말 그대로 평화로운 방식으로 통일한다는 의미입니다. 평화로운 방식이란 무엇일까요? 한마디로 남한이나 북한 어느 쪽도 피해를 입지 않는 방식입니다. 평화 이론을 적용해 설명하면, 자기 이익을 위해 힘으로 다른 쪽을 억압하거나 강요하지 않는 통일입니다. 여기서 주목해야 할 것은 바로 '힘'입니다. 남한도 북한도 자기만의 힘이 있습니다. 남한의 정치, 경제, 사회, 문화 수준은 북한보다 높습니다. 국제사회에서 정치적, 경제적, 문화적 영향력도 있습니다. 남한이 가진 중요한 힘입니다. 북한은 많은 부분에서 남한보다 한참 뒤떨어졌지만 충분히 남한과 겨룰 수 있는 무력이 있습니다. 세상에서 가장 위협적인 핵무기도 있습니다. 경제적으로 발전하지 못했지만 자연자원이 풍부하고 오염되지 않은 자연환경을 유지하고 있습니다. 우리와 다르게 지리적으로 아시아, 유럽 대륙과 연결돼 있기도 합니다. 모두가 북한에 힘이 됩니다. 남한도 북한도 상대를 이겨 이익을 얻기 위해 가진 힘을 이용할 수 있습니다. 그러나 그것은 상대를 패배시키고 피해를 주는 일입니다. 그런 방식으로는 평화적 통일을 이룰 수 없으며 오히려 불신과 미움만 커지게 됩니다.

평화적 통일을 위해 필요한 것은 공동의 이익을 따지는 생각과 태도, 그런 생각과 태도를 행동으로 옮기는 것, 한반도에서 안전하고 평화로운 삶을 목표로 서로 협력하는 것입니다.

우리는 이미 그런 실험을 한 적이 있습니다. 바로 금강산관광과 개성공단입니다. 남한과 북한이 두 사업을 시작한 것은 모두에게 이익이 되는 일이었기 때문입니다. 두 사업은 남북이 평화적 공존을 실험하는 일이었기에 특별하고 중요했습니다. 금강산관광을 위해 남한과 북한 사람들이 함께 일했고, 남한 관광객은 북한 안내원과 대화를 나누기도 했습니다. 개성공단에서도 남한 직원과 북한 노동자가 함께 일했습니다. 전혀 다른 사회에서 살았으니 어려움이 많았지만 함께 일하면서 서로의 사회와 생활방식을 이해하고 인정하게 됐습니다.

다른 사례도 있습니다. 2000년 남북정상회담 이후 남한의 많은 단체가 북한 단체들과 교류했습니다. 북한을 방문해 농업, 의료, 식품 생산, 아동 지원 같은 분야에서 사업을 하는 남한 단체도 많았습니다. 더불어 일을 해나가면서 신뢰를 쌓고 함께 일하는 방법을 배웠으며 서로를 존중하고 인정하는 법도 배웠습니다. 이 역시 평화적으로 공존할 수 있는 가능성을 보여주었습니다.

남한과 북한의 평화적 공존은 일단 싸움을 멈춰야 가능해집니다. 그리고 남북이 평화적으로 공존해야 평화적 통일을 얘기할 수 있습니다. 싸움을 멈추는 것은 단순히 정치적, 군사적으로 서로 공격하지 않는 것만을 의미하지 않습니다. 남한과 북한 사람들이 서로를 공격하거나 비난하지 않고 인정하는 것을 말합니다. 정치적, 군사적으로 합의를 하고 약속을 해도 남한과 북한 사람들이 서로를 공격하고 싸우고 인정하지 않는다면 평화적 공존은 불가능합니다. 물론 평화적 통일도 마찬가지입니다.

남한과 북한이 평화적으로 공존할 수 있으면 점차 통일로 나아갈 수 있습니다. 함께 사는 것에 대한 두려움을 점차 없앨 수 있으며 통일을 해도 되는지 판단할 수 있습니다. 통일을 해야 하는 이유와 통일 방식도 생각할 수 있습니다. 그러니 평화적 통일을 위해서는 먼저 평화적 공존을 생각해야 합니다.

**함께 생각하고
토론하기**

- 통일의 필요 또는 불필요에 대한 각자의 생각을 얘기해봅시다.

- 통일을 어렵게 하는 것들에 대해 토론해봅시다.

- 통일이 된다면 좋은 점과 좋지 않은 점이 무엇일지 토론해
  봅시다.

- 한반도에 사는 모든 사람에게 통일이 좋은 일이 되려면 어떤
  점들을 고민해야 하는지 토론해봅시다.

6장

공존으로
가는 길

우리가 아는 북한은?

"사방에 소규모로 소풍 나온 사람들이 모여 있다. …가져온 플라스틱통의 음식을 먹고 맥주와 소주를 마신다. 술이 효과가 없을 리가 없으니, 라디오나 CD 플레이어에서 음악이 나오기 시작하면 곧바로 사방에서 흥겨운 춤판이 벌어진다."[*]

"소주 진열대에는 서로 다른 상표의 소주 열두어 종이 길게 늘어서 있다. 가장 싼 것은 2,500원, 비싼 것은 1만 5,000원까지 한다. 우유는 파인애플 맛과 딸기 맛이 있다. 맥주는 캔이나 병으로 구할 수 있다. …백화점의 지층 슈퍼마켓 옆에는 TV, 냉장고, 자전거, 전기자전거 등도 있다. …화장품의 선택 범위는 넓고, 국산뿐 아니라 중국이나 일본에서 수입한 제품들도 있다. …주방기기 코너에서 다양한 크기와 색깔의 식기류를 6,000~1만 5,000원 가격에 팔고 있다."[**]

위 글은 북한을 여행한 내용입니다. 첫 번째 글은 평양 모란봉공원에서 소풍 나온 사람들이 먹고 즐기는 모습입니다. 두 번째 글은 평양에 있는 한 백화점 모습입니다. 자세히 읽어보면 우리보다 경제

---

[*]   뤼디거 프랑크, 안인희 옮김, 『북한여행』, 한겨레출판, 2019, 250~252쪽.
[**] 같은 책, 227~232쪽.

적으로 조금 뒤떨어진 것을 알 수 있지만 전체적인 모습은 우리와 별반 다를 게 없습니다. 이 책을 쓴 독일의 북한 전문가는 1990년대에 북한에서 대학을 다녔고 그 후 자주 북한을 여행했습니다. 그는 거의 30년 동안 북한을 탐구했고 자신의 눈으로 보고 들은 것과 알고 있는 것을 책에 담았습니다. 한국어로 출판된 이 책의 서문에서 그는 "북한은 분명 낙원은 아니지만 그렇다고 지옥도 아니다. 그곳에는 잘 나가는 많은 사람들과 그렇지 못한 많은 사람들이 살고 있다."고 했습니다. 그가 묘사한 평양 모란봉공원과 백화점 모습을 보면 이해가 가는 말입니다. 최근에 방송된 TV 프로그램에서도 평양 사람들의 일상을 소개했습니다. 그들도 우리처럼 매일 일을 하거나 학교에 가고, 퇴근하면 맥줏집에 들러 동료나 친구와 한잔 마시고, 가족과 냉면집에서 외식을 했습니다.

북한으로 여행 가는 사람들이 있다는 것은 놀라운 일입니다. 2019년 8월 현재 미국인과 한국인만 빼고 전 세계 사람들이 북한에 여행을 갈 수 있습니다. 한국은 원래 북한 여행을 금지했고, 미국은 2017년 8월부터 자국민의 북한 여행을 금지했습니다. 인기 여행지는 아니더라도 색다른 경험을 하고 싶어서 북한을 여행하는 사람이 꽤 많다고 합니다. 북한이 세계 다른 나라들과 기본적인 면에서는 비슷하다는 얘기입니다. 물론 여행자에게 완전한 자유가 주어지지는 않습니다. 모든 곳은 허락을 받아야 갈 수 있고 사진도 허락된 것

대형 마트에서 쇼핑하는 평양 시민들의 모습. ⓒ연합뉴스

만 찍을 수 있습니다. 항상 가이드를 따라다녀야 하고 혼자서 마음대로 여행할 수도 없습니다. 그래도 전 세계 사람들이 여행을 갈 수 있는 곳이면 앞에서 소개한 작가의 얘기처럼 최소한 '지옥'은 아닌 것이 확실합니다.

우리는 북한에 대해 아는 것이 많지 않습니다. 우리와 가장 가까운 곳에 있는 나라이지만 한국전쟁 이후 서로 왕래가 없었기 때문입니다. 또 다른 이유도 있습니다. 그동안 북한을 적으로 여겼기 때문에 북한의 부정적인 모습과 정보만 넘쳐났습니다. 어쩌면 우리가 세계에서 북한의 일상을 가장 모를 거라는 생각도 듭니다.

모든 나라는 긍정적 모습과 부정적 모습이 있습니다. 북한은 독재국가이며 자유가 제한되고 인권이 보장되지 않는 나라라는 치명적인 문제가 있습니다. 그렇지만 그곳 사람들도 우리와 비슷한 생활을 하며 살아갑니다. 또 모란봉공원과 백화점 모습, 우리나라 방송에서 보여준 사람들을 보면 그들도 우리처럼 가족과 행복하게 살기를 바라고 경제적으로 풍족해지길 원한다는 사실을 알 수 있습니다.

북한에 대한 우리 인상은 대체로 부정적입니다. 북한은 독재국가이며 우리의 적이고, 가난하기 때문에 우리가 도와줘야 한다고 생각합니다. 기성세대뿐만 아니라 어린 세대도 비슷하게 느낍니다. 통일연구원이 초중고 학생들을 대상으로 한 조사를 보면 잘 드러납니다. 2017년 조사에서 학생들은 북한에 대해 맨 먼저 떠오르는 인상으로 독재자, 전쟁, 군사를 꼽았습니다. 그래서인지 적으로 여겨야 한다는 의견과 협력해야 한다는 의견이 각각 40% 이상으로 높았습니다. 북한 주민에 대해서는 무려 61% 정도가 우리가 도와줘야 한다고 답했습니다. 28.2%는 함께 힘을 합해야 한다고 답했습니다. 도와줘야 한다는 답은 우리가 북한 사람들보다 우월하다는 생각을 드러낸 것이고, 함께 힘을 합해야 한다는 답은 북한 사람들을 우리와 거의 동등하게 여기는 생각을 나타냅니다.

남북대화가 이루어졌던 2018년 조사에서는 좀 달라졌을까요? 전쟁이나 군사와 관련지은 인상은 여전히 높았지만 독재자에 대한 인상은 크게 낮아졌습니다. 뉴스와 영상에서 김정은 위원장 모습을 많이 봤기 때문으로 짐작됩니다. 북한에 대해서도 협력해야 하는 대상이라는 답이 절반 이상으로 대폭 높아졌습니다. 적으로 생각한다는 답은 40%에서 5.2%로 뚝 떨어졌습니다. 그런데 북한 주민에 대해서는 여전히 우리가 도와줘야 한다는 생각이 57%로 거의 변화가 없었습니다. 함께 협력해야 한다는 답은 조금 올라서 약 31.6%였습니다.

위의 조사 결과가 말해주는 것은 두 가지입니다. 하나는 남북이 대화를 하고 관계를 개선하면서 우리가 북한을 조금 더 알게 됐다는 것입니다. 덕분에 북한을 적으로 여기는 생각에 변화가 일어났습니다. 이로써 자주 만나고 더 알게 될수록 상대에 대한 증오와 두려움이 적어진다는 것을 알 수 있습니다. 또 하나는 북한 사람들을 도와 줘야 할 대상으로 보는 시선이 여전하다는 점입니다. 누군가를 도와 주고 싶은 마음은 나쁘지 않습니다. 그러나 그런 이유로 북한과 협력 하고 관계를 개선하려고 할 때 경제적 부담을 느끼고 꺼린다면 우리 생각이 맞는지 따져봐야 합니다.

북한을 생각할 때 중요한 사실이 하나 있습니다. 북한에 대한 우리 인상이 우리 생각일 뿐이라는 점입니다. 우리는 북한 정보가 많지 않아서 북한을 잘 모릅니다. 물론 두 가지는 분명합니다. 북한이 독재국가라는 점과 가난하다는 점입니다. 북한이 가난하기 때문에 우리가 식량이나 의약품을 지원해야 하고 북한도 그러길 바랄 거라고 생각합니다. 그러나 북한은 스스로 경제발전을 이루길 원합니다. 식량이나 의약품 같은 지원은 힘든 상황을 견디게 도와줄 수는 있어도 경제발전을 이루게 할 수는 없습니다. 세계 어디에도 그런 도움으로 경제발전을 이룬 나라는 없습니다. 북한은 경제를 발전시킬 방도를 찾으려고 남한 및 미국과 대화를 시작했습니다.

북한 사람도 우리와 비슷하게 삽니다. 그런데 그들을 잘 모르기 때문에 우리 기준과 상식으로만 북한과 북한 사람들을 판단합니다. 한반도에서 이웃으로, 또는 미래에 통일된 한반도에서 살기를 원한다면 먼저 우리가 알고 있는 북한과 모르는 북한에 대해 생각해봐야 합니다. 그리고 앞으로 더 많이 속속들이 알아야 합니다.

북한과 대화해야 하나

북한이 좋은 나라가 아니라는 것을 많은 사람이 불편해합니다. 북한은 독재자가 있고, 권력을 세습하며, 인권문제가 많은 나라입니다. 독재 때문에 경제가 발전하지 못해서 가난하다고 알려져 있기도 합니다. 많은 사람이 이런 점을 북한과 대화를 하는 문제와 연결짓습니다. 좋지 않은 나라와 굳이 대화를 하고 관계를 개선해야 하느냐는 겁니다. 이런 불편한 진실과 생각에 대해서는 하나하나 따져볼 필요가 있습니다. 북한을 변호하려는 것이 아니라 우리 이익과 안전을 위해서, 나아가 한반도 전체의 이익과 평화를 위해서 말입니다.

먼저 북한이 독재국가인 것은 누구도 부인할 수 없는 사실입니다. 그러나 그것은 우리가 대화하는 문제와 관련이 없습니다. 우리가 대화하는 이유는 우리 이익과 한반도의 안전 및 평화를 위해서입니다. 세계에는 여전히 독재자가 많고 인권문제가 있는 나라도 많습니다. 북한과 비슷하거나 더 심한 나라도 있습니다. 아시아, 남미, 중동, 아프리카의 여러 나라가 그렇습니다. 북한과 같은 공산주의 국가인 중국, 여전히 북한과 우호적인 관계를 맺고 있는 러시아에도 용납하기 힘든 인권문제가 있습니다. 그렇지만 세계 모든 나라가 이들과 공식 관계를 맺고 있습니다. 우리나라도 마찬가지입니다. 독재나 인권문제를 눈감아주는 것이 아니라 각자의 외교와 무역을 위해서, 그리고 문제가 있다면 대화로 해결하기 위해서입니다. 독재나 인권 문제가 해결되려면 먼저 그 나라 사람들이 스스로 깨닫고 변해야 합니다. 그러려면 나라가 개방되고 그 나라 사람들이 세계 많은 나라와 교류해야 합니다. 그러니 대화와 관계 발전은 장기적으로 독재국가에 사는 사람들을 위해서도 좋은 일입니다. 이는 북한에도 똑같이 적용될 수 있습니다.

북한이 어려워진 근본적인 이유는 세계의 변화를 따라잡지 못한 비효율적인 사회주의 특유의 경제제도 때문이었습니다. 게다가 북한에 많은 도움을 주었던 소련이 1990년대 초반 붕괴했고, 엎친 데 덮친 격으로 1995년 대홍수를 겪었습니다. 많은 사람이 식량이 부족해 사망했고 경제난이 최고조에 달했습니다. 그렇지 않아도 발전하지 못했던 공업과 농업 등은 경제난 때문에 투자를 할 수 없어 계속 뒤떨어졌습니다. 그나마 지금은 최악의 경제난을 벗어났습니다.

북한이 경제발전에 어려움을 겪는 또 다른 이유는 경제 제재로 인해 국제사회의 도움이나 투자를 받거나 돈을 빌릴 수 없기 때문입니다. 경제 제재는 국제사회가 세계 평화를 해치는 나라의 자유로운 경제활동을 제한하는 것입니다. 경제적으로 타격을 줌으로써 세계 평화를 해치는 일을 중단하거나 포기하도록 하려는 것이지요. 미국은 1988년부터 2008년까지 북한을 테러지원국으로 지정하고 대외 원조나 무역 제한 같은 경제 제재를 가했습니다. 미국이 세계 경제와 정치에 미치는 영향력이 크다 보니 북한에 타격이 컸습니다. 미국은 북한 핵무기 개발에 대한 대응으로 2017년 11월 북한을 다시 테러지원국으로 지정했습니다. 북한이 핵무기와 대륙간탄도미사일 개발을 멈추지 않자 국제사회도 갈수록 강도 높은 경제 제재를 가했습니다. 북한은 수출과 수입에 큰 타격을 입었습니다. 북한은 미국과 협상을 하고 경제발전을 이루려고 핵무기를 개발했는데 오히려 그것 때문에 경제 제재를 당하고 어려움을 겪었습니다.

북한은 외부 세계와 단절된 폐쇄 사회로 알려져 있습니다. 그럼에도 여러 면에서 조금씩 변하고 있다는 점은 매우 흥미롭습니다. 북한을 이해할 수 없어서 대화하지 못하겠다고 생각한다면 그것은 우리가 북한을 잘 모르기 때문일 수도 있습니다. 북한은 경제적으로는 사회주의 방식만을 고수하지 않습니다. 중국이나 베트남 같은 공산주의 국가처럼 북한에도 자본주의 사회의 핵심인 시장경제가 널리 퍼져 있습니다. 전국 곳곳의 시장에는 직접 물건을 사고파는 사람들이 있고, 배급을 받는 것이 아니라 자기 돈으로 물건을 살 수 있는 백화점도 있습니다. 사회도 달라졌습니다. 북한 사람들이 한국 드라마와 노래를 알고 있다는 것은 이제 비밀도 아닙니다. 북한이 세계에 활짝 열리지는 않았지만 그렇다고 닫히거나 고립되지도 않았습니다. 평양에는 여러 나라의 대사관이 있습니다. 중국, 러시아, 베트남, 폴란드처럼 북한과 오래 관계를 맺어온 나라들뿐만 아니라 영국, 독일, 스웨덴 같은 서방국가의 대사관도 있습니다.

북한 정부와 사람들의 소통에도 변화가 일어났습니다. 북한은 2018년 9월 평양 남북정상회담 때 남북 정상의 만남과 환영 행사를 생중계했습니다. 정부가 항상 먼저 검사를 하고 나서 편집한 것만 보여주었던 북한에서는 상상할 수 없는 일이었습니다. 문재인 대통령이 평양 능라도의 5·1경기장에서 연설한 것은 그야말로 파격 자체였습니다. 사전에 남한 대통령이 무슨 말을 할지 몰랐음에도 15만 명의 평양 시민 앞에서 연설하도록 했으니 말입니다. 물론 남북 정상 사이에 신뢰가 있었기에 가능한 일이었지만 이는 북한 사회도 변하고 있음을 보여주는 사례였습니다.

세계인의 상식적 기준으로 볼 때 북한에 문제가 많은 것은 사실이지만 북한과 대화할 수 없는 이유가 되지는 못합니다. 국가들이 대화하는 이유는 싸우지 않고 문제를 해결하여 함께 발전하기 위해서입니다. 간혹 북한과 대화를 하면 우리는 손해를 보고 북한만 이익을 보는 것으로 생각합니다. 세상에 손해를 보려고 다른 나라와 대화하는 나라는 없습니다. 우리도 마찬가지입니다. 다만 대화가 우리에게 이익이 되는 것처럼 북한에도 이익이 되는 것뿐입니다. 당연히 그래야 대화를 할 수 있으니까요.

북한과 대화를 하고 관계를 개선하면 북한에 많은 지원을 해야 한다고 생각하는 사람도 있습니다. 다시 '퍼주기'를 하는 것 아니냐고 걱정하기도 합니다. 우리는 한 번도 '퍼주기'를 한 적이 없고, 북한이 우리 덕분에 먹고산 적도 없습니다. 우리는 북한에 인도적 지원이나 싸게 빌려주는 방식으로 식량과 비료를 지원하고 자연재해가 있을 때는 긴급 지원을 하기도 했습니다. 식량은 북한에서 부족한 부분 중 일부를 지원했고 긴급 지원도 마찬가지였습니다. 우리와 세계의 지원이 북한이 힘든 상황을 벗어나는 데 조금 도움이 됐을 뿐입니다. 대화를 잘하고 좋은 관계를 이루기 위해 조금 더 여유가 있는 나라가 그렇지 못한 나라를 지원하는 일은 흔히 있는 일입니다. 우리는 북한뿐만 아니라 다른 저개발 국가도 지원합니다. 그 또한 우리나라 이미지를 좋게 하거나 미래에 이익이 될 것으로 생각하기 때문에 하는 일입니다. 북한을 지원할 때도 마찬가지입니다. 북한 경제개발에 우리 돈이 많이 들어갈 것이라고 걱정하기도 합니다. 설사 그렇더라도 우리 이익을 위해 투자하는 것이며, 이익을 얻으려고 민간기업도 참여하게 됩니다. 또 그에 대한 정부 예산 지출 내용은 낱낱이 공개됩니다. 정부 예산은 법에 따라 투명하게 지출되니까요.

북한과 대화를 해야 하나 말아야 하나 판단하기 힘들 때, 또는 북한 행동이 마음에 들지 않을 때 한 가지 생각해야 할 점이 있습니다. 북한이 아니라 우리를 위해 대화를 해야 한다는 것입니다. 우리 안전과 평화로운 삶을 위해서요. 게다가 다행스럽게도 북한 사람들의 안전과 평화에도 도움이 됩니다. 무엇보다 한반도 평화에 크게 도움이 되니까 반드시 해야 하는 일입니다.

공존해야 할 이유

우리는 북한과 함께 살아야 할 운명입니다. 가장 가까운 이웃이고 한반도의 반쪽을 차지하고 있는 나라이니까요. 70여 년 전까지 어우러져 살았기에 통일을 얘기하기도 합니다. 통일을 언제 하든 거부할 수 없는 한 가지는 우리가 지금 잘살기 위해서, 그리고 가까운 미래에 더 잘살기 위해서 북한과 공존해야 한다는 것입니다. 할 수 없이 한반도에 사는 것이 아니라 서로 도우면서 함께 살아가야 합니다.

함께 살아가려면 꼭 기억해야 할 것이 있습니다. 먼저 북한은 우리 이웃이라는 점입니다. 이웃과 좋은 관계를 이루어야 편하게 살 수 있는데 우리는 북한과 서로 위협하고 싸우면서 지냈습니다. 그러다 보니 둘 다 자신의 안전을 지키지 못했습니다. 우리와 육지로 연결된 유일한 이웃이 북한이라는 점 또한 염두에 두어야 합니다. 북한과 관계가 좋으면 섬처럼 살지 않고 철도와 도로를 통해 세계 다른 곳으로 갈 수 있습니다. 한반도의 산과 강, 바다가 연결돼 있다는 점 또한 북한과 좋은 관계를 맺고 같이 잘살아야 할 중요한 이유입니다. 산불이나 홍수, 중국 어선 등 문제가 생길 때 함께 도우면서 해결할 수 있습니다.

역사를 공유하고 있다는 점 또한 기억해야 합니다. 남한과 북한에는 1948년 이전까지의 한반도 역사의 흔적이 흩어져 있습니다. 역사 연구는 북한에 있는 유적과 자료를 연구하지 못해 여전히 반쪽 상태입니다. 북한도 마찬가지입니다. 2000년 남북정상회담 이후 남북 역사학자들이 여러 차례 만나면서 학술대회, 전시회 등을 열었습니다. 특히 2007년부터는 개성에 있는 고려 궁궐터 만월대를 공동으로 발굴하고 조사하기 위해 노력했습니다. 그러나 중간에 남북관계가 틀어진 데다 국제사회의 제재로 발굴에 필요한 굴착기 같은 기계를 가져갈 수 없어서 작업이 미뤄졌습니다. 2018년 4월 유엔은 공동 발굴에 필요한 장비에 대해 제재를 면제했습니다. 남북관계가 안정되면 다시 공동 발굴을 할 수 있습니다. 관계가 좋아지면 역사적 유물을 함께 발굴하고 연구하여 한반도 역사를 완성할 수 있습니다.

항상 아프게 생각하는 이산가족 문제도 있습니다. 이산가족은 나이가 많아 가족을 만나지 못한 채 죽음을 맞이합니다. 그동안 남북이 대립하고 싸우느라 인도적인 문제를 해결하지 못한 것은 부끄러운 일입니다. 이산가족 문제는 남북이 최우선으로 해결해야 할 일 가운데 하나입니다.

우리가 한반도라는 작은 지역에 살고 있고 강대국들의 영향을 많이 받는다는 점도 기억해야 합니다. 한반도가 일제로부터 해방된

남북한이 공동 발굴·조사한 개성의 만월대. ⓒ연합뉴스

이후 미국과 소련이 나눠 통치하면서 분단이 시작됐습니다. 한국전쟁은 자본주의 진영과 공산주의 진영이 충돌한 최초의 전쟁이 됐습니다. 미국은 이 전쟁에서 이김으로써 공산주의 확산을 막으려 참전했고 그 후 한반도에 대한 군사적 개입이 시작됐습니다. 전쟁을 시작한 북한은 이기기 위해 소련과 중국의 군사적 지원을 받았고 지금도 중국과 러시아의 영향을 받고 있습니다. 남한과 북한은 여전히 이런 강대국들을 상대해야 합니다. 그러기 위해서는 남북이 대화하고 협력해야 합니다.

여러 가지 이유를 생각하면 남북의 공존, 함께 잘사는 것은 선택이 아니라 우리에게 절실히 필요한 것임을 알 수 있습니다. 공존은 저절로 이루어지지 않습니다. 더욱이 남한과 북한처럼 오랫동안 싸우면서 지낸 사이에서는 정치, 경제, 군사, 문화 등 우리 삶과 관련된 모든 분야에서 특별한 노력이 필요합니다.

정치와 관련해서는 정치인들에게만 의존하지 말아야 합니다. 그동안 우리는 남북문제를 정치문제로만 여겨서 정치인들의 결정에 의존했습니다. 남북문제는 생존 및 삶의 질과 관련된 문제입니다. 우리도 이제는 목소리를 내야 합니다. 민주시민으로서 남북관계나 한반도 평화와 관련해 정치인들이 하는 행동과 말을 평가하고 우리가 무엇을 원하는지 말해야 합니다. 특히 남북 사이 증오와 대립을 부추기고 무력에 기대려는 정치인에게는 우리가 한반도에서 평화롭게 살기를 원한다는 것을 알려야 합니다. 우리가 목소리를 내야 정치인들이 자신의 이익이 아니라 남북의 공존과 한반도 평화를 위해 일할 것입니다.

군사 분야에서는 남북군사합의서에서 약속한 것처럼 남북이 적대행위를 멈추고 비무장지대가 무장한 군대와 군사적 대립이 없는 곳이 되어야 합니다. 아울러 남북이 무력 강화를 멈추는 방향으로 나아가야 합니다. 서로 총부리를 겨누고, 상대를 무력으로 제압하려고 무장을 강화하면서 공존을 얘기할 수는 없습니다. 무력 강화를 멈추려면 남북이 좋은 관계를 맺고 서로 신뢰해야 합니다. 무엇보다 평범한 시민인 우리의 노력과 지지, 분명한 입장 표현이 필요합니다. 최종적으로는 군대와 관련된 인력, 시설, 무기를 줄이는 군축을 실행해야 합니다. 그래야만 군사적 대립이 사라지고 무력에 기대지 않는 평화로운 한반도가 될 수 있습니다.

경제와 관련해서는 남북이 함께 더 잘살 수 있는 방향으로 가야 합니다. 2018년 다시 남북정상회담이 열리고 남북관계가 회복되자 많은 사람이 경제문제에 관심을 보였습니다. 마치 북한이라는 거대하고 새로운 시장이 등장한 것처럼 생각하는 사람들도 있었습니다. 그러나 남북이 공존하려면 북한을 시장으로 보면 안 됩니다. 이익을 위해 투자를 할 수는 있어도 북한의 값싼 노동력과 풍부한 천연자원을 우리 맘대로 이용할 수 있다고 생각해서는 안 됩니다. 남한이 북한을 경제적으로 이용하는 것이 되니까요. 그러면 남북 사이의 신뢰는 깨지고 공존은 어렵게 됩니다. 경제적인 것과 관련해서는 한반도에 사는 모든 사람이 혜택을 누릴 수 있는 방법을 고민해야 합니다. 남북의 경제협력이 우리와 북한에 똑같이 이익이 되고, 북한이 우리와 비슷한 수준까지 경제를 발전시키는 데 도움이 돼야 합니다. 그래야 한반도 평화와 통일에 도움이 됩니다.

문화와 관련해서는 언어, 생활방식, 음식, 음악 등 다양한 것을 생각할 수 있습니다. 공존을 위해서는 서로 다름을 배우고 이해하고 인정하며 존중하는 것이 기본이자 원칙입니다. 문화적 공존을 위한 노력은 서로의 사회를 이해하려는 노력입니다. 노력하다 보면 서로 다름은 두려움과 이상함이 아니라 특별함과 자연스러움이 됩니다. 이는 우리에게도 북한 사람들에게도 흥미롭고 풍부한 삶의 경험이 될 수 있습니다.

공존을 위한 노력과 관련해 이런 질문을 할 수도 있습니다. 우리는 노력하는데 북한과 북한 사람들이 노력하지 않으면 어떻게 하냐고요. 그런 걱정은 할 필요가 없습니다. 우리 이익만 따지지 않고 북한 이익도 중요하게 생각한다면, 남한만 안전하고 평화롭게 사는 것이 아니라 북한도 안전하고 평화롭게 살기 위해 공존을 얘기한다면 당연히 우리와 함께할 테니까요. 북한은 이미 그런 생각과 원칙을 얘기했습니다. 다만 오랜 세월 싸웠기 때문에 관계를 회복하고 신뢰를 쌓고 함께 노력하기 위해 먼저 정치적, 군사적으로 다뤄야 할 일이 많을 뿐입니다.

한반도의 미래는?

우리는 각자 200년의 삶에 닿아 있습니다. 이 얘기는 원래 이렇습니다. 우리에게는 대가족 안에서 만났던 가장 나이 많은 사람이 있습니다. 할머니나 할아버지, 또는 증조할머니나 증조할아버지가 되겠지요. 그분들이 태어난 해를 생각해보세요. 20세기 초나 중반, 그러니까 90~100년 전일 겁니다. 대가족 안에는 가장 나이 어린 사람도 있습니다. 곧 만나게 될 사람도 있겠지요. 그 아이가 수명을 다하는 해를 생각해 보세요. 우리나라 사람의 기대수명이 80대 중반이고 2030년에는 여성의 기대수명이 90세가 넘을 거라고 합니다. 그럼 2020년에 태어나는 사람은 2110년이 넘어서까지 살겠지요. 물론 2025년이나 2030년에 태어나는 사람이라면 2120년이나 그 이후까지 살 겁니다. 우리 각자의 삶은 자신이 만났던 가장 나이 많은 사람이 태어난 때부터 가장 나이 적은 사람이 죽을 때까지의 시간과 닿아 있습니다. 그 모든 시간이 우리의 '현재'와 닿아 있습니다.* 그것이 얼

---

* 존 폴 레더락, 김가연 옮김, 『도덕적 상상력』, 글항아리, 2016, 59~60쪽.

추 200년이 된다는 얘기입니다. 우리의 현재는 우리 앞에 살았던 사람들의 삶으로부터 영향을 받았고 다시 미래에 살 사람들의 삶에 영향을 미치게 됩니다.

이는 대가족 안에서뿐만 아니라 우리 사회에도 그대로 적용될 수 있습니다. 우리 사회에서 가장 나이 많은 사람이 태어난 때부터 이제 막 태어난 아이가 죽을 때까지의 시간은 얼추 200년이 되고 그 시간은 우리의 현재와 관련돼 있습니다. 한반도에 사는 우리의 현재 삶은 20세기 초반 일본의 식민지배하에서 살았고 한국전쟁을 겪었던 사람들의 삶에서 영향을 받았습니다. 그 시대가 우리 할머니 할아버지들의 삶을 힘들게 했고, 남북 분단을 불러왔으며, 현재 우리가 사는 세상을 이루었습니다. 또한 우리의 현재는 우리 다음에 한반도에서 살아갈 미래 세대의 삶과 연결돼 있습니다. 우리는 그런 과거와 미래의 중간에 서 있습니다. 그래서 과거를 어떻게 이해하고 현재는 무엇을 할지, 어떤 미래를 설계할지 고민하고 결정해야 합니다.

우리는 먼저 과거로부터 배워야 합니다. 남북 분단, 한국전쟁의 상처, 그 이후 남북의 적대관계와 군사적 대립 때문에 평화롭지 못했던 삶을 반복하지 않으려면요. 또한 미래 세대에게 남북이 서로 대립하고 협박하며 불신하는 나쁜 과거와 불안한 한반도를 물려주지 말아야 합니다. 현재 우리가 어떻게 생각하고 무엇을 하느냐에 따라 미래 세대의 삶이 달라집니다. 우리에게는 평화가 없는 한반도를 물려주지 말아야 할 의무와 책임이 있습니다. 우리가 지금 어떻게 준비해서 앞으로 사회에서 어떤 역할을 하느냐가 미래 세대의 삶을 결정할 것입니다.

우리 미래도 달라질 수 있습니다. 10년 후, 20년 후 한반도는 어떤 모습일지 상상해본 적이 있나요? 어떤 모습이면 좋겠다고 생각해본 적이 있나요? 최소한 남북이 싸우지 않고, 남한과 북한의 많은 사람이 다양한 교류를 하며, 문제가 생기면 대화로 해결할 수 있으면 좋겠지요. 통일은 이루지 못했더라도 남북이 평화롭게 공존하는 상황이면 좋겠지요. 그러기 위해서는 지금 우리가 무엇을 할지 생각해야 합니다.

국민 대다수가 남북관계와 한반도 미래는 정부와 정치인들이 결정하는 것이라고 합니다. 아무런 힘이 없는 일반인은 할 수 있는 것이 없다고 생각합니다. 청년이나 청소년은 더 힘이 없고 존재를 인정받지도 못한다고 말합니다. 전혀 틀린 말도 아닙니다. 남북관계를 개선할지 말지, 대화를 계속할지 말지, 군사적 대결을 끝낼지 말지를 결정하는 권한은 정부와 정치인들에게 있습니다. 남북 정상이 대화를 하고 합의를 해도 국회에서 동의하는 절차를 거쳐야 법률적으로 효력이 있습니다. 2018년 4월 27일 남북정상회담에서 합의한 '판문점선언'도 국회 비준을 거쳐야 합니다. 그렇지만 민주주의 국가에서 정부와 정치인들의 결정에 영향을 미치는 것은 시민입니다. 시민들이 원하는 것을 밝히고 지지하거나 압력을 가해야 정부와 정치인들이 사회가 가야 할 방향을 결정하고 세부적인 정책을 마련하게 되니까요. 대통령이나 국회의원은 선거로 바뀌어도 시민은 그대로이기 때문에 시민의 생각과 행동이 가장 중요합니다.

우리가 현재와 미래의 한반도를 결정합니다. 과거는 결정하지 못했어도 현재와 미래는 결정할 수 있습니다. 그러기 위해 맨 먼저 할 일은 남북 분단, 군사적 대립, 평화롭지 않은 한반도가 각자의 삶에 직간접적으로 어떤 영향을 미치는지 따져봐야 합니다. 부정적 영향이 있다면 그것을 바꾸기 위해 각자 무엇을 할지 생각해봐야 합니다. 또 각자의 삶과 한반도에 사는 모든 사람의 삶이 평화로워질 방법이 무엇인지 고민해봐야 합니다. 상세하게 따져보고 깊이 고민하면 한반도의 바람직한 현재와 미래의 모습을 상상할 수 있습니다. 그런 상상이 우리가 사는 한반도를 바꾸는 힘이 됩니다.

**함께 생각하고
토론하기**

- 각자 북한에 대해 알고 있는 점을 얘기하고 긍정적인 것과 부정적인 것을 함께 정리해봅시다.

- 정부가 북한과 대화를 계속할 때 좋은 점과 걱정되는 점을 얘기해봅시다.

- 남북의 평화적 공존을 이루기 위해 우리에게 필요한 점과 부족한 점을 토론해봅시다.

- 각자가 바라는 20년 후 남북관계와 한반도 모습을 상상한 후 얘기해봅시다.

7장

한반도 평화와
세계 평화

세계의 관심을 받는 한반도

한반도는 아주 작은 지역입니다. 세계인들은 이 작은 지역을 잘 모릅니다. 다만 'Korea'라고 말하면 특히 두 가지에 관심을 보입니다. 남한의 한류 콘텐츠와 북한의 핵무기입니다. 북한의 핵무기 개발로 남한과 북한, 북한과 미국 사이에 정치적, 군사적 긴장이 높아졌고 전쟁의 코앞까지 갔던 상황을 기억합니다. 그리고 2018년 전쟁의 위험에서 벗어나 역사적인 남북정상회담과 북미정상회담이 열렸던 일을 기억합니다. 전 세계가 두 정상회담에 관심을 보인 것은 북한 핵무기를 없애는 문제가 회담의 핵심이었기 때문입니다. 세계인들은 남북관계 정상화와 최초의 북미정상회담보다 한반도 비핵화에 관심이 많았습니다.

이유가 무엇일까요? 한반도 평화를 걱정해서였을까요? 세계의 정치와 경제에 큰 영향을 미치는 미국을 북한 핵무기가 위협하기 때문일까요? 전 세계가 '핵무기'를 세계 평화를 위협하는 중요한 문제로 이해하기 때문이었습니다. 세상에 존재하는 가장 무섭고 위협적인 무기가 핵무기임을 알기 때문이었습니다.

지금까지 핵폭탄은 한 번 사용됐습니다. 한편으로 다행스러운 일이지만 한 번이라도 사용됐다는 것은 인류의 비극입니다. 미국은 2차 세계대전이 끝나기 직전 일본이 항복하지 않고 버티자 1945년

8월 6일과 9일 히로시마와 나가사키에 핵폭탄을 투하했습니다. 두 도시는 순식간에 지옥으로 변했습니다. 70만 명이 직접 피해를 입었는데, 약 20만 명이 폭탄 투하 직후와 몇 달 사이에 극심한 고통을 겪다 사망했습니다. 거의 모든 피해자가 민간인이었습니다. 조선인 피해자도 7만 명이 넘었습니다.

당시 피폭당했던 사람들은 질병과 고통 속에서 살았습니다. 어렸을 때 핵폭탄 투하와 그 후의 비참한 삶을 경험한 사람들은 지금도 정신적인 고통을 겪고 있습니다. 세계사에서 가장 비극적인 일 중 하나이며, 가장 잔인한 전쟁범죄 중 하나입니다. 히로시마에 핵폭탄을 투하했던 미군 전투기 조종사는 투하 직후 하늘 높이 치솟은 버섯구름을 보며 "맙소사, 내가 무슨 짓을 한 거지?"라고 탄식했습니다. 그는 "백 년을 살아도 그 몇 분의 기억에서 벗어나지 못할 것이다."라고 자신의 메모장에 적어놓았습니다. 핵폭탄 투하 이후 전 세계는 핵무기를 무서워하게 됐습니다.

국제사회는 핵무기의 위력과 위험성 때문에 핵무기를 개발하는 국가가 늘어나는 것을 막으려고 1968년 핵확산금지조약NPT: Treaty on the Non-Proliferation of Nuclear Weapons을 만들었습니다. 전 세계 43개국이 조약을 승인했고 1970년 국제조약으로 효력을 갖게 됐습니다. 이 조약은 핵무기 개발과 기술 확산을 막고, 나아가 핵무기를 줄이고 모두 없애는 것을 목표로 삼았습니다. 현재 우리나라를 비롯하여 190개

국가가 이 조약에 가입했습니다. 조약에 가입하지 않은 나라는 인도, 이스라엘, 파키스탄, 북한, 남수단입니다. 북한은 1985년에 가입했다가 2003년 탈퇴했습니다.

이 조약 이전에 미국, 러시아, 영국, 프랑스, 중국 등 5개 국가가 이미 핵무기를 보유했습니다. 조약이 발효된 이후에는 이스라엘, 인도, 파키스탄, 북한이 핵무기를 개발했습니다. 전 세계에서 자체 개발한 핵무기를 보유한 국가는 이렇게 9개 국가입니다. 핵무기를 개발하진 않았지만 자국 영토에 핵무기가 있는 나라는 벨기에, 독일, 이탈리아, 네덜란드, 터키 등 5개 국가입니다. 핵무기를 승인한 나라, 그러니까 필요할 때 핵무기가 자국에 들어오는 것을 허락한 나라는 핵보유국 5개 국가를 포함해 총 30개 국가입니다. 우리나라도 그중 하나입니다. 북한의 4차 핵실험 직후인 2016년 1월 핵미사일이 탑재된 미국의 B-52 폭격기가 한반도에 출격해 북한을 압박했던 것도 우리가 핵무기를 승인했기 때문이었습니다. 그러나 다행히 우리 땅에 핵무기를 들여놓지는 않았습니다.

북한 핵무기 개발과 그에 대한 세계의 관심과 비난에 대해서 우리 사회에는 다양한 의견이 있습니다. 대다수는 당연히 북한 핵무기를 없애고 핵무기 없는 한반도가 되어야 한다고 말합니다. 그러나 다른 나라들도 핵무기가 있는데 북한만 안 될 이유가 없다는 사람들, 통일되면 북한 핵무기가 결국 우리 핵무기가 될 터이니 나쁘지 않다고 말하는 사람들, 북한에 핵무기가 있으니 우리도 핵무기를 개발해야 한다고 주장하는 사람들도 있습니다.

핵무기 개발은 핵확산금지조약을 통해 전 세계가 금지하는 일입니다. 물론 이 조약이 만들어졌을 때 군사 강대국인 5개 국가가 가지고 있던 핵무기를 인정한 것은 문제가 있습니다. 그렇다고 해서 다른 나라들도 핵무기를 개발하도록 놔둔다면 전 세계를 위험에 빠뜨리는 일입니다. 5개 국가의 핵무기도 결국은 없애야 합니다. 전 세계적으로 핵무기폐기캠페인ICAN: International Campaign to Abolish Nuclear Weapons이 벌어지고 있습니다. 이 캠페인은 2017년 노벨평화상을 받았습니다. 캠페인의 목적은 핵무기금지조약Treaty on the Prohibition of Nuclear Weapons을 효력 있는 국제조약으로 만드는 것입니다. 핵무기 개발과 실험, 생산, 다른 나라 기술 지원은 물론 자국 영토에 핵무기를 허락하는 것까지 모두 금지하는 이 조약은 2017년 9월 유엔에서 통과됐습니다. 2019년 7월 현재 23개 국가가 승인했으며 50개 국가가 승인하면 국제조약으로 효력을 갖게 됩니다. 핵무기를 가진 나라는 소수에 불과하고 대다수 나라는 핵무기가 없어져야 한다는 것에 동의합니다.

통일되면 북한 핵무기가 우리 것이 될 터이니 상관없다는 생각이나, 우리도 핵무기를 개발해야 한다는 주장은 아주 위험합니다. 그것은 한반도에서 핵무기를 가지고 살자는 얘기이고, 현재는 물론 미래에 한반도가 위험해지든 말든 관심이 없다는 얘기입니다. 현실적인 문제도 있습니다. 우리가 핵무기를 개발한다면 대다수 국가와 외교 및 경제 관계, 문화 교류가 단절될 각오를 해야 합니다. 그러면 다른 나라와의 무역과 교류에 의존해서 살아가는 우리는 생존의 위험에 빠지게 됩니다. 북한이 핵무기를 개발하면서 전 세계로부터 받은 비난과 제재를 보면 알 수 있습니다. 그러니 핵무기를 개발하는 일은 안 됩니다. 일부 정치인이 그런 주장을 하는 것은 국민의 판단을 흐리게 하고 비슷한 생각을 가진 사람들의 지지를 얻기 위한 행동일 뿐입니다. 우리 목표는 반드시 한반도에서 핵무기를 없애고 나아가 어떤 핵무기가 들어오는 것도 허용하지 않는 것이 돼야 합니다.

한반도에 핵무기가 존재하게 된 것은 한반도 문제가 전 세계의 문제가 됐음을 의미합니다. 호들갑을 떠는 것이 아니라 실제로 전 세계가 한반도의 핵무기 문제를 심각하게 생각합니다. 또 다른 문제도 있습니다. 북한 핵무기를 없애지 않으면 대만이나 일본도 핵무기를 개발하려 달려들 것입니다. 이 나라들은 이미 충분한 능력이 있습니다. 그러므로 한반도에 존재하는 핵무기는 세계 평화는 물론 우리가 사는 동북아시아의 평화를 위협하는 일이기도 합니다. 이전에는 남북 대립과 한반도를 둘러싼 미국, 중국, 러시아 등의 힘겨루기로 한반도 평화가 불안했는데 이제는 거기에 핵무기 문제까지 더해졌습니다. 세계의 관심이 한반도에 쏠리고 세계인들이 한반도 평화와 함께 세계 평화를 걱정하는 상황이 된 것입니다.

세계가 원하는 한반도 평화

세계가 북한 핵무기에만 관심이 있고 한반도 평화에 무관심한 것은 아닙니다. 당연히 남북이 평화롭게 공존하고 마침내 한반도에 평화가 정착되기를 원하고 지지합니다. 남북대화를 다시 시작하는 계기가 된 2018년 평창 동계올림픽이 그런 사실을 잘 보여줍니다. 개막식에서 남북선수단이 함께 입장하고 남북이 여자 아이스하키 단일팀을 만들었던 것은 국제올림픽위원회의 적극적인 협력과 지지가 있었기에 가능했습니다.

북한 김정은 위원장은 2018년 1월 1일 신년사에서 평창 동계올림픽에 선수단을 파견할 의사가 있다고 했습니다. 1월 9일 남북고위급회담에서 북한선수단 참가를 합의했습니다. 올림픽을 겨우 한 달 앞둔 상황이었습니다. 1월 20일 스위스 로잔에서 만난 국제올림픽위원회 위원장, 남한 문화체육관광부장관, 북한 체육상은 남북단일팀을 구성하고 개회식에서 남북선수단이 한반도기를 들고 함께 입장하기로 공식 합의했습니다. 2월 9일 개막식을 코앞에 두고 이루어진 일이었습니다. '번갯불에 콩 볶아 먹는다'는 말이 이보다 잘 어울릴 수는 없습니다. 일사천리로 일이 진행된 것은 국제올림픽위원회가 남북관계의 개선과 한반도 평화를 전폭적으로 지지하고 협력한 덕분이었습니다. 국제올림픽위원회와 남북은 2020년 도쿄 올림픽에서도 공동으로 입장하고 단일팀을 구성하기로 합의했습니다.

평창 동계올림픽 사례는 세계가 한반도 평화를 지지한다는 사실을 잘 보여주었습니다. 세계는 올림픽이 꽁꽁 얼어붙어 전쟁 위기로 치닫던 한반도의 방향을 바꾸는 계기가 되기를 진심으로 기원하고 응원했습니다. 거기에는 두 가지 이유가 있습니다. 하나는 세계 어느 한 곳에서 평화가 깨지고 전쟁이나 무력 충돌이 생기면 결국 전 세계에 영향을 미치기 때문입니다. 그동안 여러 경험에서 얻은 교훈입니다. 한국전쟁 당시에도 비슷한 경험을 했습니다. 다른 하나는 세계인들이 원칙적으로 평화를 지지하기 때문입니다.

먼저 한국전쟁과 세계 평화의 관계부터 살펴보겠습니다. 한국전쟁은 우리에게 큰 상처를 남겼습니다. 무엇보다 큰 상처와 피해는 두말할 필요 없이 인명 손실이었습니다. 이 책의 앞에서 얘기한 대로 민간인의 사망, 부상, 행방불명 등의 피해는 남북을 합쳐 250만 명 정도였습니다. 더 많다는 주장도 있습니다. 사실 정확한 숫자는 어느 곳에서도 확인할 수 없습니다. 많은 사람이 죽고 부상을 입고 행방불명됐다는 것만 확실합니다. 군인들의 피해도 컸습니다. 한국군의 인명 피해는 62만 1,479명이었고, 유엔군의 피해는 15만 4,881명이었습니다. 이는 사망과 부상, 실종, 포로 등을 모두 합친 숫자입니다. 확인된 유엔군 전사자는 4만 670명이었습니다. 그 많은 군인이 멀고 낯선 땅에서 처참하게 목숨을 잃었습니다. 그들의 가족까지 생각하면 한국전쟁은 세계 곳곳에 상처를 남겼고 한국은 그들에게 큰 빚을 졌습니다.

물론 16개 국가가 군대를 파견하여 유엔군에 합류한 것을 단순하게 해석할 수는 없습니다. 유엔군의 90% 이상은 미군이었고, 다른 나라들은 미국의 요청에 따라서, 또는 미국과의 관계를 고려해 군대를 파견했습니다. 정치적, 외교적 판단에 따른 것이었고, 동북아시아에서 공산주의 세력이 커질까 봐 우려했기 때문이기도 했습니다. 미국은 소련이 북한을 조종해 전쟁을 일으켰다고 의심했고 한국전쟁이 세계에서 미국의 힘에 중대한 영향을 미칠 것이라고 판단해 재빨리 대응했습니다. 그렇다고 해서 미국이 위험에 빠진 한국에 전혀 관심이 없었던 것은 아닙니다. 갑작스럽게 공격을 받은 남한을 보호하고 빠른 시간 내에 북한군을 삼팔선 이북으로 쫓아내야 한다고 생각했고 유엔에서 그런 결의를 이끌기도 했으니까요. 그래서 자국 군인들의 피해를 감수하면서 한국전쟁에 뛰어들었고 그 덕분에 우리는 나라를 지켰으니 고마운 일입니다.

한국전쟁은 자본주의 국가와 공산주의 국가가 대립하는 냉전시대가 시작된 이후 일어난 최초의 국제전쟁이었습니다. 두 세력이 무력으로 충돌한 첫 사례였기 때문에 유엔군은 미군을 중심으로 싸웠고, 중국은 대규모 병력을 동원해 북한을 도왔습니다. 상황이 그러다 보니 피해가 컸습니다. 한국전쟁은 한반도가 지리적으로 정치적으

유엔기념공원 내에 있는 유엔군 묘지. 한국전쟁 당시 참전한 전투지원 16개국과 의료지원 5개국 전사자들의 영령이 안치된 곳이다. ©부산광역시

로 세계의 흐름에 쉽게 휘말릴 수 있음을 잘 보여주었습니다. 그 후한반도는 공산주의 세력과 자본주의 세력의 최전선에서 군사적 긴장을 겪었습니다. 두 세력의 대립과 싸움이 의미가 없어진 지금도 한반도에는 냉전시대의 기운이 남아 있습니다. 그런 점에서 한반도 평화는 세계인에게도 중요합니다. 한반도 평화가 이루어지면 세계는이념 대결에서 벗어날 수 있고 동북아시아와 세계 평화에 큰 도움이됩니다. 반대로 한반도 상황이 안 좋아지고 남북 또는 북미 사이 군사적 대립이 심각해진다면 동북아시아는 물론 세계 평화에 부정적영향을 미치게 됩니다.

또 다른 이유, 즉 세계인들이 원칙적으로 평화를 지지한다는 것은 그동안의 여러 사례에서 알 수 있습니다. 세계인들은 세계 어느 곳에서든 무력 충돌이나 전쟁이 일어나거나, 무기가 늘어나고 군사적 대립이 심해지거나, 그로 인해 사람이 피해를 입는 일에 반대합니다. 세계 곳곳에서 무력 충돌을 예방하거나 끝내려고 노력하고, 평화를 지키고 회복하려고 노력합니다. 국제기구와 단체를 통해, 또는 개인적으로 한국인의 평화 노력을 지지하고 협력해온 사람도 많습니다. 그들은 북한 사람들의 삶에도 관심을 기울이고 인도적 지원과 교류에 힘을 아끼지 않습니다. 남한과 북한 사람들의 경제, 문화, 학문, 종교 교류를 지원하는 일도 꾸준히 합니다. 남한과 북한 사이에 공식 관계와 대화가 막혔을 때에는 한국인보다 열심히 일하기도 했습니다. 모두가 순수하게 한반도에 사는 사람들도 평화롭게 살 권리가 있다고 생각하기에 한 일이었습니다.

그동안 세계가 보여준 관심과 세계인들의 숱한 노력에도 불구하고 한반도에는 아직 완전한 평화가 오지 않았습니다. 동북아시아의 평화도 여전히 불안합니다. 물론 거기에는 복잡한 국제정치와 강대국들의 이권이 관련돼 있으니 우리만의 책임이라고 할 수는 없습니다. 그러나 그동안 우리 사회의 많은 사람이 평화에 무관심한 데다 남북의 대결만 강조했던 것을 생각하면 우리 책임이 절대 적지 않습니다. 어쨌든 한반도는 우리가 사는 곳이고 우리가 책임을 져야 하는 곳입니다.

한반도 평화와 세계 평화

한반도 평화와 세계 평화는 구분되지 않습니다. 특히 이미 얘기한 것처럼 한반도에 핵무기가 들어선 뒤부터 한반도 문제는 세계 평화에 직접 영향을 미칩니다. 한반도 평화와 세계 평화의 관계는 한국전쟁 때부터 시작되어 지금까지 이어져왔습니다. 세계화가 최고조에 이른 시대에, 모두가 세계시민으로 세계의 문제에도 관심을 가져야 하는 시대에, 한반도 문제를 세계 평화와 관련지어 따져보는 일은 더 중요해졌습니다. 그것이 세계시민으로서 우리의 책임이고, 아울러 한반도 평화를 이루기 위해서도 반드시 필요한 일이니까요.

세계 평화와 연결지어 한반도 평화를 생각한다면 먼저 세계가 지지할 수 있는 한반도 평화를 이루기 위해 고민해야 합니다. 그것은 한반도 평화가 세계 평화에도 도움이 될 때 가능합니다. 세계가 관심을 가지는 북한 핵무기 문제는 시간이 걸리더라도 반드시 핵무기를 모두 없애는 방향으로 가야 합니다. 그렇지 않으면 한반도도 세계도 안전해지지 않습니다. 북한 핵무기 문제를 해결하는 일은 북한이 국제사회의 일원으로 인정받고 경제발전을 이루는 길과 직접 관련돼 있습니다. 북한도 그런 목적을 가지고 '비핵화'를 논의하는 남북대화와 북미 대화를 시작했습니다. 북한이 목적을 달성하기 위해서는 남한과 미국뿐만 아니라 세계의 동의와 지지가 반드시 필요합니다. 그러니 북한 핵무기 문제를 세계 평화와 관련해 이해하고 다루는 것은 너무 당연합니다.

세계 평화를 위해서는 한반도 문제를 국제정치와 관련지어 생각해볼 필요가 있습니다. 남북이 강대국의 영향에서 벗어나야 한반도에서 남북이 직면한 여러 가지 문제를 해결하고 평화로운 한반도로 나아갈 수 있습니다. 미국과 중국, 러시아, 일본 등 여러 나라가 한반도와 남북관계에 영향을 미쳤습니다. 물론 그들은 모두 자국과 관련된 문제라고 얘기했습니다. 남한과 북한은 각자의 이익을 위해 영향을 미치는 국가들과 정치적, 군사적 관계를 강화하거나 적대적인 관계를 이루었습니다. 그런 관계는 과거 냉전시대에서 비롯된 것인데 냉전시대가 끝난 지금도 마찬가지입니다. 그동안 남북이 정치적, 군사적으로 대립하고 적대관계를 이어온 데에는 그런 나라들의 영향도 있습니다.

한반도의 평화적 공존, 평화 정착, 평화적 통일을 이루려면 그런 나라들의 부정적 영향에서 벗어나야 합니다. 또한 남북이 각자의 이익과 한반도 평화를 위한 선택을 하고 여러 나라와 새로운 관계를 맺어야 합니다. 그러기 위해서는 전 세계인의 공감과 지지가 필요합니다. 예를 들어 우리에게 중대한 영향을 미치는 미국 정부와 정치인들의 부정적 영향을 줄이고 미국과 북한의 적대관계를 끝내기 위해서는 평화를 지지하는 미국 시민들의 지지와 협력이 필요합니다. 세계 평화와 한반도 평화가 관련돼 있다는 점을 세계인들에게 적극적으로 알리고 소통해야 국제정치가 한반도와 우리 삶에 미치는 부정적 영향을 없앨 수 있습니다.

한반도 평화는 조금 다른 면에서도 세계 평화와 관련돼 있습니다. 바로 세계 평화에 대한 우리의 관심입니다. 우리는 한반도의 평화롭지 못한 상황에서도 경제성장을 이루었습니다. 우리가 이룬 성장은 다른 나라들과 거래하고 교류했기에 가능했습니다. 그럼에도 우리는 세계 평화 문제에 관심이 거의 없습니다. 개인만이 아니라 정부, 시민단체, 사회운동가, 학자 들도 마찬가지입니다. 남북 사이의 대립을 끝내고 평화적 공존과 통일을 이루어야 한다는 생각이 머리에 가득하기 때문입니다. 남북관계가 좋아져 평화로운 공존이 이루어지고, 평화적 통일을 얘기하는 상황이 된다면 우리도 세계 평화 문제에 관심을 가질 것입니다. 인적, 물적 자원도 더 많이 지원할 것입니다. 우리가 지금보다 훨씬 나은 세계시민으로 살기 위해서도 한반도 평화는 절실하게 필요합니다. 물론 한반도가 세계 평화에 기여할 수도 있습니다.

한반도에 사는 사람은 모두 평화롭게 살 권리가 있습니다. 우리가 한반도 평화를 얘기하고 남북대화의 중요성을 강조하는 것은 정치적인 이유 때문이 아닙니다. 하루하루 평화롭게 살기 위해서입니다. 이는 어떤 상황에서든 평화를 지지하고 바라는 세계인의 생각과 통합니다. 우리는 한반도 평화와 세계 평화를 함께 생각해야 합니다. 그래야 한반도 평화를 이룰 수 있고 세계 평화에도 기여할 수 있습니다. 우리가 평화를 정착시키고 평화적 통일을 이루려고 할 때 세계의 지지와 협력을 얻을 수 있습니다.

함께 생각하고 토론하기

- 세계가 한반도의 핵무기 문제를 얘기할 때 떠올랐던 생각과 느낌을 얘기해봅시다.
- 한반도 평화를 이루기 위해 세계시민과 협력할 구체적인 방법을 토론해봅시다.
- 한반도에 완전한 평화가 이루어진다면 동북아시아와 세계의 모습이 어떻게 변할지 상상하고 토론해봅시다.